相方は、統合失調症

松本ハウス

幻冬舎文庫

相方は、統合失調症

目次

講演会・舞台袖

「キックさん、客席って見ました？」

控室に戻ってきた加賀谷《かがや》が、入り口のドアを開けるなり聞いてきた。静かなトーンだが、何かを隠そうとしているよう、どこか落ち着きがなくソワソワしている。

本番前の『ちょっと一服』が叶わなかったのだろうか。

最近は、どこのホールも分煙になっていて、喫煙所が分かりづらい会場も少なくない。ましてやこの日、講演会で使用する施設は、迷ってしまうほどの大きさだった。

「喫煙所、見つからんかったんか？」

「いえ。今、行ってきたんですけど、誰もいなくて」

「誰も？」

「キックさん、客席、見てないんですよね？」

嫌な予感がした。

「見てないけど、どうしたんや」

「えぇ……」

歯切れの悪い返事をすると、加賀谷はうな垂れた。そこまで落胆しなければならない出来事が、客席で起こっているということなのか。

「もしかして、お客さん、誰もいやへんとか？」

「いえ……」

視線をそらし、うつむく加賀谷。否定はしたが、そのしぐさは暗に、ＹＥＳと言っているようなものだった。

松本ハウスの話など、誰も聞きたくないということなのか。鳴く閑古鳥さえいない。閑古鳥でもいればいいほうか。

控室の片隅に、舞台や会場を映し出すモニターテレビが設置されていた。21型の液晶テレビ。俺は、おそるおそるモニターの電源ボタンを押してみた。

「な、なんやこれ……」

モニターに映し出されたのは、あふれんばかりの観衆、人で埋め尽くされた客席だった。

「キックさん、満員ですよ。パンパンですよ、パンパン！」

加賀谷は、慌ててモニターをつけた俺を見て、ニヤニヤと笑っていた。まんまとひっかかってしまったか。

「びっくりするやないかアホ」

「すいません。お詫びに、その缶コーヒー飲んでいいですよ」

『その』と、加賀谷が指さしていたのは、俺の手元にある、俺自身が買った缶コーヒーだった。

「これは俺のやろ」

加賀谷がボケで、俺がツッコミ。コンビにおけるそれぞれの役割だった。

「にしても、すごい人やな」

「ほんと、嬉しいですね」

心底、嬉しかった。モニターを見つめながら、俺は残っていた缶コーヒーを一気に飲みほした。


2014年、晩秋。

都心から1時間少し下った、とある地方。

その日の仕事は、講演会の講師だった。講演内容は、統合失調症からの回復。

当事者として加賀谷がどう歩んできたのか。お笑いコンビの相方として、俺はどう加賀谷と接してきたのか。自分たちが経験してきたこと、工夫してきたことが話のメインとなった。

ただ、講師という肩書には、馴染めなかった。

それまでの講演会でもよくあったが、控室のドアには、『講師　松本ハウス様』と印刷された紙が貼られていた。講演会なので『講師』ということにはなるが、どうにもむず痒い。おこがましいというのが正直なところか。

加賀谷に至っては、

「僕は、ただの患者なんですけどね」

と、冗談交じりに苦笑する。

ハウス加賀谷も松本キックも、一介の芸人。たまたま、加賀谷が統合失調症の当事者であるというだけなのだ。

そんな芸人・松本ハウスの話を聞こうと、たくさんの人が集まってくれた。

「今日の会場って、何人くらい入るんですか?」

いつも講演会に同行してくれるマネージャー、斎藤さんに聞いてみた。

「会場は1200人ちょっと入るらしいんだけど、今日は満席だって」

斎藤さんは、60歳を過ぎているが、冗談の通じる気さくな人だった。下の名前を『ひであき』といって、漢字では『英明』と書く。そのため、親しい芸人からは音読みで『エイメイ』さん、と呼ばれていた。

「いやあ、ほんとすごい人だよ今日は」

「エイメイさん、緊張するんじゃないですか？」

「やばいね。俺、心臓手術してるからさ、ウッ……」

心臓を押さえ、うずくまる素ぶりをするエイメイさん。俺も応える。

「じゃあ、行ってきまーす」

「ほっとかれるんだ俺」

くだらないやりとりで、俺とエイメイさんが笑っている隣で、加賀谷は頓服薬を飲んでいた。

不安を感じたり、イライラしたりしたときに飲んで下さい。主治医にそう言われている、抗精神病薬と抗不安薬。緊張が強いときなども、加賀谷は事前に服用するようにしていた。

「キックさん、今日、なんかフワッとするんですよ」

「そうなんか。分かった、分かった」

「うまくいかなかったらすいません」

「ええよ、ええよ。そのときは、そのときのことや」

調子が悪いときは、素直に言う。それが活動再開の際に、二人で決めたルールだった。

加賀谷の調子が良くないことが分かっているだけで、舞台での対応がしやすくなる。たとえ無理をしなくてはいけない場面であっても、頃合いの良い無理で済ませることができる。

それ以前に、調子が悪いということを伝えた、伝えてもらったという、双方の信頼感が、判断に自若《じじゃく》をもたらしてくれる。もっとも、調子の良し悪しは加賀谷の自己申告。俺は加賀谷の言葉を信じるだけ。信じすぎずに、信じている。

開演の時間が近づいていた。

すでにロビーに人影はなく、ほとんどの人が自分の席についていた。外の寒さが嘘のよう、客席はコートが邪魔になるほどの熱気だった。

「今日も朝から問い合わせが何件もあったらしいんだけど、お断りしたって言ってたよ」

エイメイさんが、どこからか情報を仕入れてきた。

「申し訳ないですね。でも、ほんとありがたいです」

それまでも講演会は経験してきたが、1000人を超える人が詰めかけてくれるのは初めてだった。ましてや、席が足りないということは記憶になかった。

「間もなくですので、舞台袖にスタンバイお願いします」

開演5分前、女性スタッフから声がかかった。

「よろしくお願いします！」

大きく返事をすると、加賀谷は控室を後にした。エイメイさんが続き、俺もすぐさま舞台の袖へと移動した。

「ピンマイク、付けていいですか」

若い男性の音響スタッフが、俺と加賀谷にピンマイクを持ってきた。

「電源はもう入れちゃいますね。音はこっちで上げたり下げたりしますから、気にせず出ちゃって下さい」

裏方さん特有の、職人気質が心地よい。テキパキとした作業からにじみ出る演者への心づかい。モチベーションは自ずと上がった。

ピンマイクを付け終わると、舞台に上がる準備は整った。後は、進行の段取りを、エイメイさんと最終確認するだけだ。

「コント終わりで、一回、舞台袖に戻ってきていいんですよね」

「そうそう、その間に、講演部分で使う、長机と椅子を用意してもらうから」

「マイクはどうしましょう。ピンからハンドに交換でしたよね」

「松本が外したピンマイクは、俺がもらうから、渡してくれればいいよ」

「僕のピンマイクも、もらって頂けますか？」

加賀谷も同じく確認するが、硬さが見て取れた。俺は、そこを逃さなかった。

「エイメイさんどうします、受け取ります？　やめます？」

「やめとこうかな」

「僕のも、もらって下さいよー！」

つまらないことでもいい、気持ちがこわばったときは、笑うに限る。笑えば緊張が少しほぐれる。この『少し』が、効いてくる。

「立派なホールやなあ」

俺は、袖幕の中からホールを見渡し、ぼそりとつぶやいた。

「古そうですけど、しっかりしてますね」

独り言のつもりだったが、加賀谷が俺の後ろに立ち、同じように眺めていた。

会場となるホールは、もう、何十年も前からそこに立っていた。

外観はうっすらと汚れているが、それは誇り高き埃。ホール内は、時代が止まったかのように、美しく手入れが行き届いていた。

いくつもの時を見てきたホール。コンサートや発表会、演劇や伝統芸能。様々な楽しい催し物が、日々、繰り広げられてきた。これからもまた、楽しい時間が積み重ねられていく。

多くの人が娯楽を享受する場所で、松本ハウスは『統合失調症』の話をする。

統合失調症。世間では、どういったイメージなのだろう。

大変な病気。治らない病気。やばい病気。怖い病気。「近づいちゃいけません」と、手を引く子供に母親が言う病気。触れていないものほど、誤った偏見が独り歩きしてしまう。触れてみないと何も分からないというのに。

加賀谷は、自分の病気を包まず話す。俺も感じたことを正直に言う。まじめな話、中には辛いと感じてしまう部分もあるが、重い話ばかりをするわけではない。生きている人間としての、笑いもある。

精神疾患の話において、長い間、笑いはタブー視されてきた。

『失礼だから笑ってはいけない』

『かわいそう』

『笑うなんて、苦しんでいるのに不謹慎だ』

精神障がいと笑いは、もっとも融合せざる異質のものとして扱われてきた。だからこそ、ハウス加賀谷という芸人は必要なのかもしれない。笑いは力になり、力は笑いになる。その笑いがまた力となり周囲に広がっていく。

加賀谷一人ではできなかった。俺がいただけでもできなかった。聞いてくれる人がいる、見てくれる人がいる。一緒に笑ってくれる人がいる。多くの人が周りにいると実感できたからこそ、病気を吹き飛ばすことができた。

「いいね、あの看板」

講演タイトルが書かれた看板が舞台奥の中央に吊るされていた。

『松本ハウスがやってきた！』

タイトルの文字の両脇に、俺と加賀谷のイラストが描かれていた。事務所が提供している
プロフィール写真を見て描いたのだろうが、驚くほどしっかり特徴を捉えていた。

「あのイラストは、作業所に通う、統合失調症の当事者さんが描いたんですよ」

控室に迎えに来た女性スタッフが、小さな声で教えてくれた。

「めちゃめちゃうまいですね。僕なんかよりも全然絵心がありますよ」

俺が率直な感想を述べている脇で、加賀谷は怪訝な面持ちで、自分のイラストに見入っていた。

「僕って、あんな顔なんですかね」

両目は逆さ三日月のように細く弧を描き、への字をした太い眉毛が、ギュッと吊り上がっている。二つの鼻の穴は、うっかりしていたら吸い込まれてしまいそうなくらい深く黒い。口は開かれ、舌が奥まっているが、丸められているというより、器用に折りたたまれているように見えた。

「お前な、あんな顔って言うけど、どっちか言うたら、かっこ良く描いてもらえてるぞ」

「あ、それなら良かったです！」

単純だ。こういったところが、加賀谷に備わったピュアな一面でもあった。

「定刻でいきますね」

舞台監督が周囲に告げる。予定通りの時刻に幕が上がる。

「キックさん、ピンマイクの電源入れてあります？」

不安そうな加賀谷が、俺の耳元でささやいた。

「舞台に出たら、音響さんが勝手に音声を活かしてくれるから大丈夫や」

「はい」

「て、さっき説明受けたやろお前も」

「そうでしたね。大丈夫です」

まだ、少し落ち着かないのか、加賀谷は自分をなだめるために、気になることをその都度確認していた。

「それでは始めますね。よろしくお願いします」

司会進行役の、年配の女性が微笑みかけてくれた。おそらく息子か娘に、統合失調症の当事者を持つ母親だろう。苦労は少なくなかったと思う。もしかしたら、今も続いているかもしれない。加賀谷に向けられていた笑顔が、切なくなるほど優しかった。

と、それまで照明が入っていなかった舞台に、一つの明かりが落とされた。舞台の下手。客席から見て左側に、直径2メートルほどのスポットが当たる。浮かび上がる茶色の演台。司会者の女性は、明かりの中にスーッと入ると、客席に向かい一礼をした。

「皆さま、お待たせいたしました。これより、『松本ハウスがやってきた!』講演会を始めます」

賑やかだった客席が、とたんに静へと転換する。司会者が、松本ハウスのプロフィールを読み上げる。

「松本ハウスさんは、かつて『タモリのボキャブラ天国』や『電波少年インターナショナル』などにレギュラー出演し、テレビやラジオなどで人気を博しました」

懐かしい時代。あの頃は、ただがむしゃらに走っていた。松本ハウスの芸はギリギリと言われていたが、加賀谷の状態はまさにギリギリだった。

「しかし、1999年、ハウス加賀谷さんの統合失調症が悪化、その後10年間、治療に専念されていました」

5年かかってもいい、10年かかってもいいとは言ったが、加賀谷は、ちょうど10年かけて戻ってきた。

「最近では、その10年間のことを綴った書籍も出版され、全国各地で啓発イベントや講演会など、統合失調症への理解を深める活動もなさっています」

芸人になった頃は、まさか講演会活動をするとは想像もしていなかった。お客さんの前で、精神疾患の話をするなど考えもしなかった。

どんな先が待っているかなんて分からない。今いる場所、それが今の自分にとって必要な場所なのだ。

「それではお待たせいたしました。登場して頂きましょう。松本ハウスさんです、どうぞ」

きっかけとなるセリフを受け、登場曲が流される。軽快な、アップテンポの曲が会場の期待感を扇動する。演台の明かりはフェードアウトされ、舞台全体が明るく華やいだ。

「よし、行くか」

「はい」

俺は、加賀谷の背中をポンとたたいた。いつもの曲、いつものタイミング。ハウス加賀谷、松本キックという、いつもの順番で舞台へ飛び出した。

「皆さんこんにちは、松本ハウスです」

会場が揺れるような大きな拍手。

「こんにちは、か・が・や・で〜す!!」

お決まりの、振りの付いた挨拶のギャグ。拍手が、輪をかけて大きくなった。

「松本キックです。よろしくお願いします」

　ー200人の視線が舞台に集中する。俺は客席全体を見渡すと、軽く息を吸い込んだ。

「ご紹介にありましたように、加賀谷くんは、統合失調症の当事者でして」

「は〜い、僕、統合失調症です！」

　堂々と、明るく自身の病名を名乗るハウス加賀谷。

「加賀谷くんは、一時、入院もしていたんですが、今はまたこうして二人で活動しています」

「おかげさまで元気になりまして、皆さんの前に来ることができました！」

　本当に、よくここまで来たものだ。よく、来れたなと思う。加賀谷の症状は、それほど重く、深刻なものだった。

復活まで

勉強なんてしたくない《SOS》

加賀谷が初めてSOSを出したのは、小学5年生のときだった。

ハウス加賀谷、本名・加賀谷潤。

小さい頃より加賀谷は、両親の顔色をうかがい過ごしてきた。母さんや、父さんを困らせてはいけない。良い子であろうと、いつも別の自分を演じていた。

「じゅんちゃん、バイオリン習ってみる?」

母親は、我が子のためになればと習い事を勧めた。本心では望んでいなかったが、加賀谷は笑顔を返していた。

「僕もいいと思うよ。おもしろそうだね」

先回りをしては、両親の望む答えを口にする。それが幼少年期における加賀谷の常となっていた。

小学3年生になり、加賀谷の毎日は、勉強を中心に回り出した。難関私立中学への入学を希望する両親の意向で、月曜日から金曜日まで、休むことなく塾に通った。

四谷大塚という有名進学塾、その塾に入るための塾だった。

「友達と一緒に遊んでいたいのに、僕は誘いを断ることしかできないんだ」

加賀谷少年の鬱屈した思いは、表に出ることなく蓄積されていった。

翌年、四谷大塚に合格すると、わずかに残っていた遊ぶ時間もなくなり、勉強だけで予定はいっぱいになった。

四谷大塚の正会員として落ちこぼれないよう、平日の5日間は、それまで通っていた塾で勉強漬け。土曜日はスイミングやバイオリン。日曜日が四谷大塚で、毎週指定された会場に行き、朝から夕方までテストを受けた。

両親が悪いわけではない。高学歴志向は当時の風潮であったし、似たような境遇の子供は大勢いた。ただ、加賀谷の許容できる範囲を超えてしまっていた。

塾の講師から一本の電話が自宅に入った。電話に出る母親。受話器から、先生の険しい声が聞こえてきた。

「お母さん、潤くんのノートをご覧になったことはありますか」

異変を知らされた母親は、電話を切ると急いで加賀谷のノートを開いてみた。

「なんなの、これは……」

そこにあったのは、真っ黒に塗りつぶされたページだった。

ペンやマジックで塗りつぶしたのではない。黒く見えたものは、すべて鉛筆で書かれた文字だった。

授業内容をノートに書き写すとき、加賀谷はページをめくれなくなっていた。理由は分からないがめくれない。めくれないけど、先生が新たに板書した内容を書き写さなくてはならない。

仕方なく、余白に文字を書いていく。見開きページの最後までいくと、ページをめくれないから、最初に戻って余白に書いていく。そのうち余白はなくなり、鉛筆で書かれた文字で隙間が消え、真っ黒なノートができあがっていった。

「じゅんちゃん、どうしたのこのノート？」

「あっ……」

加賀谷は、自分のノートが真っ黒になっていることに気づいていなかった。母親に指摘されて初めてその異常さに驚いた。

「僕はもう、勉強なんてしたくない」

親に対し、嫌と言ったことはなかった。加賀谷が見せた、初めての主張だった。

両親は息子の幸せを心から願っていた。

「一流の大学を出て、一流の企業に就職する。それが幸せなの」

両親の希望は、いつしか加賀谷本人の希望となり、加賀谷自身も、その望みをつかみ取ろ

う と努力した。努力して、自分を抑え、無理をしすぎてしまった。

「僕は、友達と一緒に、公立の中学へ行きたいんだ」

両親は、加賀谷の望みを受け入れた。中学受験は取り止め、塾もやめることとなった。

それ以降の加賀谷は、学習への意欲がプッツリと失せてしまった。学校の授業でノートを開きはするが、文字が書かれることはなくなった。

加賀谷は本来の、明るくほがらかな少年へと戻っていったが、真っ黒なノートは一転、真っ白なノートに変わってしまった。

僕が、臭いから《幻聴》

中学2年、7月。うだるような暑さ。

当時の公立中学には、まだエアコンが普及していなかった。

熱せられたコンクリートの中で受ける授業は、すべての気力や根気というものを奪い去った。誰もが、けだるさを隠さなかった。隠さないことが、夏に対する唯一の抵抗だった。

加賀谷はいつも、教室の一番前の席で授業を受けていた。ノートは取らないが、先生の話を聞くのは好きで、いつもニコニコしながら座っていた。

その日も、最前列で授業を聞いていると、先生が、加賀谷の真後ろに座る女子生徒を注意した。

「おい○○子、お前はなんでそんなにふてくされた顔をしてるんだ」

いったいどんな顔をしていて叱られたんだ。好奇心から、加賀谷は後ろに座る女子生徒の顔を見てみようと振り返った。

異変が、始まった。

女子生徒は、下敷きをうちわ代わりにし、暑さを飛ばそうと顔の辺りを扇いでいた。薄いプラスチック製の下敷きが、クワンクワンと音を立てて揺れていた。

グニャグニャ、クワンクワン、

グニャグニャ、クワンクワン、クワン……。

扇ぐ女子生徒。不快感を前面に押し出すその表情。その姿に、なぜか不安を掻《か》き立てられた。目の前で起こっている事象を、加賀谷の脳は誤って認識してしまった。

『僕が、臭いからだ』

頭の中で、妄想が暴れ出した。

僕が臭いから、○○子さんは下敷きで扇ぎ、においを飛ばしているんだ。僕のにおいで嫌な思いをしているんだ。

一度認識されてしまった思考は、加賀谷の脳に棲み着いた。疑いすら持てず、自分が臭いという意識だけが、どんどんと膨張していった。

幻聴が聞こえ出したのは同じ授業中、間もなくのことだった。

教室の後ろのほうから、突如として、いくつもの声が聞こえ出した。

「カガヤ、臭いよ」

「なんだよこのにおい、くっせーな」

「カガチン、マジ臭いよ〜」

ボリュームは普通に会話をするレベル。スピードも通常。知らない声もあったが、中にはクラスメイトの誰と分かる声も交じっていた。

どれもこれも、加賀谷をなじるものばかりだった。

どうしたんだろう急に。みんなで僕をからかっているのか、いたずらか？　トラブルなんてなかったし、いじめなんてするはずがない。やめてほしい。やめてよみんな。

「カガヤはマジで臭いんだよ」

仲のいい友達の声だった。加賀谷は、反射的にその友達が座る席を見た。

「あっ、れっ……」

友達は、普段通りに授業を受けていた。先生が黒板に書いた内容を、ノートに書き写していた。言葉を発した気配はみじんもなかった。間違いなく、友達の声だったというのに。

何が起こっているのかを探ろうとしたが、加賀谷を誹謗する声は、次から次へと耳をつんざいた。

「ごめんなさい、ごめんなさい」

みんな、みんな、僕のことを臭いと言う。

「ごめんなさい、ごめんなさい」

誰にも届かない声で、加賀谷は一人で謝っていた。

中学生の加賀谷は、情報を持っていなかった。声の正体は幻聴で、本来なら聞こえるはずのない声であるということを知らなかった。

聞こえてくる言葉はすべて本物、現実の声として受け止めていた。

幻聴は、日増しにひどくなっていった。

毎日、毎日、聞こえ、頻度も増していった。

学校の教室だけでなく、廊下や体育館、通学のバスや電車、エレベーターなど、ある程度密閉された空間では、常に「カガヤ臭い」と、中傷する声が聞こえてきた。

「僕が臭いせいで、みんなが迷惑しているんだ」

明るかった加賀谷は、しだいに暗くなり、周囲から孤立していった。

僕なんて、いなくなってしまえばいい。そうすればみんなに迷惑をかけなくて済むのに。僕は、みんなと一緒の世界にいてはいけない人間なんだ。

学校にいる時間は苦痛でしかなかったが、加賀谷は休まず通い続けた。中学を卒業するまでは義務教育だ。絶対に行かなくてはいけないんだ。生まじめな性格ゆえ、休むという選択肢を、持ち合わせていなかった。

恥ずかしさと自責の念から誰にも言えなかったが、母親にだけは相談した。自分に降りかかっている事態をありのままに話すも、話は嚙み合わなかった。

「僕、みんなに臭いって言われるんだけど、やっぱり臭いんだよね」

「何を言い出すの。全然臭くなんてないわよ」

「嘘だ。みんなから臭いって言われるんだ。僕は臭いんだ」

「じゃあ、母さんはどうすればいいのよ」

母親も、情報を持っていなかった。病の兆候を、知るすべがなかった。

僕はいったいなんなんだろう 《受診》

両親の勧めで、加賀谷は高校へと進学した。

入学式、初めて入る教室。決められた自分の席に座ったとたん、後ろからあの声が聞こえてきた。

「カガヤは臭いんだよ」

ここでも同じか。中学とは別の校舎。別の教室、生徒も違う、先生も違う。まったく異なる環境に身を置くことになったが、幻聴は変わらず聞こえていた。

高校は義務教育ではないので、休むことも多かった。休んでは、歌舞伎町の映画館に入り浸り、同じ映画を二度、三度と見て時間をつぶした。両親には心配をかけまいと、「行ってきます」と、学校に通っている体を装っていた。

気分がましなときだけ学校に行ったが、加賀谷の行動は、他の生徒の目に奇怪な姿として映っていた。

「何、あいつ、頭おかしいんじゃない」

「何やってんのか聞いてみようか?」

「バカ、話しかけんじゃねえよ」

特別な意味で、加賀谷は目立っていた。

誰とも話さない、目も合わせない。廊下を歩くときは、背中を壁にピタリとくっつけ、ズリズリとカニのように横ばいに歩いていた。背後から聞こえる声を遮《さえぎ》りたい、その一心で。

事情を知らない同級生には、近寄りたくない『危ないやつ』でしかなかった。

精神科への通院が始まったのも高校へ入ってからだった。母親が見つけてきた思春期精神科。町の小さなクリニックで、加賀谷の治療が始まった。

「最近、眠れていますか？」

「いえ、あんまり」

統合失調症、うつ病や不安障害の場合、睡眠の乱れを伴うケースが見受けられる。病気でなくても、心が乱れれば寝つきが悪くなったり、深夜に起きてしまったりもする。

今では、加賀谷も睡眠を大切に考えているが、病気を正しく認識していなかった頃は、眠れないことに苛立ちを覚えるだけで、深く考えたことはなかった。

初めての診察。簡単な受け答えの後、医師は加賀谷に、日常的にどのようなことが起こっているかを聞いた。みんなが自分に対し臭いと言ってくる、自分が周りに迷惑をかけている、加賀谷は感じていたことを正直に話した。

どうすべきか、ようやく回答を得られる。そう信じていたが、受け取った答えはあまりにもあっさりとした言葉だった。

「分かりました。2週間後にまた来て下さい」

「あ、はい」

「では、お薬を出しておきますね」

医師は優しくそう言うと、加賀谷を診察室から送り出した。

僕はいったいなんなんだろう。僕は、精神病なんだろうか。加賀谷に、病状の説明や、病名が告げられることはなかった。

思春期だったから様子を見たのか。病名を告げると、16歳の少年にはショックが大きすぎると配慮したのか。いずれにせよ、加賀谷が自分は病気であると、はっきりと認識することはなかった。

どうして僕が、精神科を受診しなければいけないんだ。母さんが言うから来てみたけど、不安が増しただけじゃないか。唯一変わったことといえば、薬を飲まなきゃいけなくなったことぐらいだ。

薬を飲み始めた加賀谷だったが、症状の緩和は見られなかった。「カガヤ臭い」という声は、止むことなく聞こえていた。

初めての診察から数か月がたっていた。医師からある提案がもたらされた。

「加賀谷くんは疲れているから、グループホームで少し休んだほうがいいかもしれないね」

受け入れられなかった。

「僕はグループホームなんか入らなくていいんです。そんなに悪くないですから」

グループホームという未知の領域に怖さも感じた。もがいても、もがいても、抜け出せないこの世の僻地。そこに向かって、真っ逆さまに落ちていく。絶対に僕は入らない。そんなところに誰が入りたいというんだ。

知らないがゆえの、偏見だった。

通院をしながらも、気分が良いときは高校へ行った。

いつものように、声は聞こえる。

いつものように、背中を壁にくっつけ廊下を歩く。

立ち止まり、廊下の先を見たときだった。前方の床が、バウンドするよう、ボンッと盛り上がった。

「なんだ」

次の瞬間、膨れ上がった床が、波を打つよう、加賀谷めがけて怒濤のように襲いかかってきた。

「あああ、ぁぁぁっ……」

とっさに両手で顔を覆いしゃがみ込む。驚き、恐れ、厭世。すべてが、終わったと思った。

見えるはずのないものが見える、幻視だった。

僕は疲れている。具合が良くないんだ。休まなきゃ、今は、休まなきゃ。

幻視を見たことを機に、加賀谷はグループホームへの入所を承諾した。

自分には精神疾患がある。加賀谷は、認めようとしていた。

好きなことをして生きていこう　**《グループホーム》**

『鶴見ハウス』

今はもうなくなってしまったが、松本ハウスというコンビ名の由来となった、加賀谷が入っていたグループホームの名称。

グループホームも様々だが、加賀谷が入所した施設は、一軒の民家を借りきり、精神疾患を持つ人たちが10人ほどで暮らしていた。専門スタッフの援助を受け、共同生活を通し社会復帰を目指す、一時的な避難場所として利用されていた。

メンバーは、比較的若かったが、その中でも加賀谷は飛びぬけて若かった。16歳。10代は加賀谷一人だった。

入る前には、偏見の目で見ていたグループホームだったが、そこでの生活は、加賀谷の心に平安をもたらした。

暮らしているメンバー全員が、同じ精神科クリニックに通う仲間という安心感。痛みを知る者同士、他人に踏み込みすぎないという距離感ができあがっていた。

スタッフのお手伝いや、みんなと一緒の散歩、レクリエーションの時間も楽しかった。

「ええ、次のレクリエーションは何にしますか？」

企画は毎回、みんなで意見を出し合い決めていた。

「映画がいいな」

「いいね映画」

「今って何やってるの？」

「知らない」

「俺も知らない」

「知らないね」

「誰も知らないんじゃダメじゃないか」

「じゃあ、お前は知ってんのかよ」

「知らない……」

大笑いしながらも、知らないことはみんなで調べ、何をするかを決定した。

強制はない。プレッシャーもない。煩わしい人間関係もない。睡眠薬は服用するが、夜は寝て、朝に起きるという、規則正しい生活も身につけていった。

ハウスでの生活に馴染んでいくと、気持ちも落ち着き、不思議なことに、「カガヤは臭い」という声も聞こえなくなった。

ここに来て良かった。こんなに落ち着いて毎日を送れるなんて、生まれて初めてのことだ。加賀谷は、充実した穏やかな時間を過ごすことができていた。

1年がたとうとした頃、加賀谷に、焦りが芽生えていた。

グループホームにいる間は楽に過ごせるが、社会に戻った後、いったいどうやって生きていけばいいんだろう。僕には何ができるんだろう。

元々は、年上の仲の良かったメンバーが社会復帰を焦っていた。そのメンバーに、加賀谷も影響を受けてしまったのだ。

しかし、不幸中の幸いか、この焦りが加賀谷を決断へと導いていくことになる。

就寝前、来る日も来る日も加賀谷は考えた。布団に入ると、天井の節目をじっと見つめ、どうすればいいのかと考えた。

僕は、親の望む通りに人生を歩もうとしてきた。一流の大学を出て、一流の企業に就職する。それが親の希望でもあり、僕の希望だった。でも、今の僕は、そこからはずいぶん遠いところにいる。

悔やんでばかりいた毎夜に、決別が訪れた。

もう、いいんじゃないか。今まで通りじゃなくてもいいんじゃないか。僕の未来は、もう変わってしまったんだ。

「そうだ、そうしよう」

布団の中、仰向けに寝ていた体、加賀谷は上半身だけをガバリと起こした。

「これからは、僕の好きなことをして生きていこう」

加賀谷にとっての大きな転機だった。

自分を殺してやるよ　《松本ハウス誕生》

加賀谷は、中学時代からの憧れ、芸人の道へと進んだ。俺はそこで初めて、加賀谷と出会うこととなった。

現在は、『サンミュージックプロダクション』所属だが、二人の出発点は、『大川興業』というお笑いプロダクションだった。

「松本やわ。よろしく」

「加賀谷です。よろしくお願いします」

俺が22歳、加賀谷が17歳だった。

芸人になった当初、加賀谷は精神科に通院していることを隠していた。ばれたら解雇されてしまう。普通でいよう。普通でなきゃいけないんだ。何が普通かも分からず、漠然とした、世間が思う『普通』であることに、加賀谷は神経をすり減らしていた。

そんな背景を知らない俺が、加賀谷に抱く印象はこうだった。

『何者なんだ、こいつは？』

落ち着きがなくソワソワしている。いつもキョロキョロとして挙動不審。何かに追われているかのようにあくせくしている。まじめに応対しているのにしゃべりがまったりしている。鼻息が荒い。居眠りが多い。ブツブツと一人で何かをつぶやいていることもあった。

どうしたのかと訝《いぶか》りもしたが、俺は同期の芸人として、他の者と分け隔てなく接していた。

所属して2か月、ある先輩芸人が、加賀谷のバッグの中をチェックした。

「お前、普段どんなもの持ち歩いてんだ？」

「あ！」

加賀谷が制止しようとしたときには、持ち物はほとんど外に出されていた。

「ん？　なんだこりゃ？」

「あ、あの、それは」

「これ、薬だよな。お前、なんでこんなにいっぱい持ってるんだ」

抗精神病薬、抗うつ剤、睡眠導入剤。持っていた薬の量は、尋常ではなかった。

当時は、薬をまとめて処方してもらうことができ、加賀谷はそれらをすべて持ち歩いていた。

この出来事がきっかけとなり、俺は加賀谷に精神疾患があることを知った。知りはしたが、加賀谷に接する俺のスタンスが変わることはなかった。

精神疾患がある人間に対すると、多くの人は戸惑ってしまう。どう接すればいいのか。何か言ってはいけないことがあるのか。下手をすれば、危害でも加えられるのではないかと警戒する人もいる。

でも俺は、そのままの加賀谷を受け入れた。

「そうなんや。お前って、そんな道を歩んできたんや」

「すいません」

黙っていたことを謝ったのだと思う。でも俺には、加賀谷が精神疾患を持っていることまで謝っているように感じられた。

当時の俺は、精神疾患に関する知識を、人並み程度も有していなかった。加賀谷が体験してきた『声が聞こえる』『幻視が見える』『グループホームへの入所』も、いまいち腹に落ちるものではなかった。

分からなかった俺は、分からないことを『分からない』と位置づけ、加賀谷本人に聞いてみた。加賀谷も、答えられる範囲で教えてくれた。

苦楽を共にする仲間として知っておきたかった。加賀谷という人間への興味もあった。病気への興味も、あったのかもしれない。

高校生の頃の俺は、世の中に冷めきっていた。

『ゆく河の流れは絶えずして、しかももとの水にあらず』

鴨長明《かものちょうめい》が記した『方丈記』、その無常観に憧れを抱いていた。

世の中は常に移り変わっていく。同じものなどありはしない。生きることの儚《はかな》さや、形に囚われることの愚かさを、一人で悟った気になっていた。人は生きて死ぬ。それだけだと。

1年の秋。書道の授業。好きな一文字を書くように言われた。

『愚』

俺が選んだ文字は『おろか』だった。

世間が『愚』かに見えていた。着飾り、見栄を張り、虚勢を張る。目に見えるもので判断する価値観を、そんなものが何になると、俺は拒絶していた。

目立たないことを美学とし、見てくれには、あえて気をつかわなかった。

「寝癖、めっちゃすごいやん」

友達の指摘にも、「ええねん、ええねん」と、笑っていなしていた。

つくづく、ひねくれた、嫌な高校生だったと思う。

どうして俺はそんな風に考えるに至ったのか。特別なことが起こったわけではなかった。

強いて言えば、何も起こらなかった。小さな挫折や、自尊心の喪失。報われない自己顕示欲。

思春期にありがちな感情を、他人よりも少しだけ強く感受していただけだった。

大学には進学したが、2年で中退した。

不眠が、現れた。

このときも同じ。何かがあったわけではない。何もなかったから、不安になっていた。自分は何者なのだ。何がしたくて、なぜ生きているのか。人が存在する意味が見つけられなかった。

世の中に、お前はどうして生きているのだと、問い詰められているような気がした。とたんに、世間が怖くなった。頭の中はぐちゃぐちゃになり、考えが整理できなかった。

六畳の洋間。狭いワンルームマンション。ほとんど部屋から出ない生活が数か月続いた。気配を消し去り、物音すら立てない。朝も昼も夜もカーテンを閉め、電気はつけない。髪や髭は伸び放題。ベッドで横になったり、もたれかかったり、膝を抱えうずくまったりしていた。誰にも、会いたくなかった。

「怖いよ、怖いんだよ」

わけも分からず怯《おじ》えていた。怖くてたまらなかった。世の中はどうしてこんなに怖いんだと、生きることに怖気《おじけ》づいていた。

涙の粒が頬を伝った。ポタリと落ちた先には、包丁が転がっていた。そうだ、キッチンから持ち出したんだった。包丁を拾い上げると、俺は鋭くとがった切っ先を、喉元にあてがった。

「ちょっと力を入れるだけでいいんだよな。ちょっと痛みを我慢すれば」

そうしないことは、知っていた。ポーズだけ、自分に酔っているだけ、悲劇のヒーローを気取っているだけ。死ぬこともできない、何にもできない。できない自分が無様だった。

ふと、机を見ると、無造作にノートが置いてあった。一言も書かれていない、まっさらなノート。

書き殴った。

『死は、特別じゃない　生まれ死ぬことは唯一の絶対』

『この社会にとって　俺は必要なのか　生きていても死んでしまっても　世の中は何も変わらない　変わらないなら同じこと　生は死で　死は生だ　だったら死ぬこともまた生きることだ』

『殺してやる　殺してやる　自分を殺してやるよ』

書いてはうずくまり、震えては書き綴った。

『生きていたい　生きていたい　生きていたいんだ』

頭に浮かんだことを、気持ちの昂《たかぶ》るまま走り書いた。

ノートはすぐに最後のページを迎え、2冊目も数日のうちに言葉で埋め尽くされた。3冊、4冊と終えていく。1か月ほどで、6冊のノートが積み上げられていた。

こんなに書いたのか。俺は無意識のうちにノートを見返していた。汚い殴り書きの文字。稚拙な言葉。滑稽だった。笑いがこみ上げてくる。

どうして俺は気づかなかったんだ。最後まで読み終えると、また最初から読み返した。囚われていたのは、俺ではないか。生きるとか死ぬとか。死ぬとか、死ぬとか。

俺という人間は、どうしても生きる意味を正面から考えすぎるようだ。それならもっと書こう。真正面からぶち当たり、ねじ曲がった俺のこの卑屈な心を、もっと書いてやろう。書くことで、俺は自分を客観的に見ることができた。徐々にだが、生活も、通常に戻っていった。

芸人の道に進むのは、それから1年後のことだった。

深夜。トーク番組。MCが熱く語っていた。

「人間、勝てると思うことで勝負しないと」

何をすべきか探そうとしていたときだった。その言葉が、すんなりと頭に入ってきた。俺は、何なら勝てるだろう。他人にではなく、自分自身に。

考えると、三つのことが浮かんできた。

一つは、格闘家の道。大学在学中は、『琉球拳法部』という体育会に所属していた。退学した後は後輩の指導に通うかたわら、夜は総合格闘技のジムで汗を流した。プロは目指していなかったが、プロにも負けない技術を身につけたかった。

当時は大阪にも総合格闘技のジムはなかったので、地方にジムを作れればなと考えた。しかし、格闘技のブームはまだ来ておらず、その道で食べていけるとは思えなかった。

二つ目は、お笑い芸人の道。吉本新喜劇や漫才が好きで、19歳の頃から、相方もいないのにネタを書いてはためていた。松本ハウスではツッコミ担当だが、この頃は俺がボケとして書いていた。趣味なのか、何なのか。漫才をやってみたい。おぼろげな気持ちだった。

友達とのかけ合いを、漫才みたいと言われたこともよくあった。お笑いなら、やっていけるかもしれない。素人ならではの浅はかさだったが、根拠のない自信だけはみなぎっていた。

三つ目は、物書きだった。子供の頃から本は好きだった。特に純文学が好きで、実家にある文学全集は一通り読んだ。俺の心を惹きつけたのは、横光利一の作品。新感覚派の旗手、実験的かつ確信的な比喩や文体に心が躍った。

だが、その時点では、書ける自信がなかった。それに、物書きになるのは40歳を過ぎてからでも遅くない。俺は天才ではない。それまでに、いろんな経験を積んでから書くこともできると思った。

俺は三つのうちで、もっとも具体的にイメージすることができた芸人の道を選んだ。そして、芸人になり、加賀谷に出会った。

ぐちゃぐちゃだった過去の自分を俺は否定しない。否定どころか、今でも愛情や親しみを抱いている。過去があるから、今の俺がいると。

同じではないが、精神疾患を持つ加賀谷に、俺はシンパシーのようなものを感じていた。ビクつきながら、世間とにらめっこをする少年に、かつての自分を投影していた。こいつも、わけも分からず足掻《あが》いてきたのかもな。

怪しいやつとして目立つ加賀谷。ちょっとおかしいんじゃないのと不審がられる加賀谷。芸人としてはおいしい部分もあったが、俺にとってはごくごく身近な男だった。

初めて出会ってから半年、俺は加賀谷と正式にコンビを組んだ。

松本ハウスの、誕生だった。

簡単なことはするな《ブレイク》

「かがやで～す！」

テレビカメラの前で、加賀谷潤は、芸人・ハウス加賀谷として脚光を浴びていた。

僕が初めて自分で選んだ道、かけがえのない職業、ここが僕の居場所なんだ。

加賀谷の想いは強く、インパクトのある個性は、見る者を惹きつけた。

「あいつは天才だから」

多くの芸人が、加賀谷の才能を認めていた。一見すると、ただのキワモノ芸人にも見えるため、好き嫌いは分かれたが、加賀谷の言葉のチョイスは、独特のセンスにあふれ群を抜いていた。どんな場面でも、加賀谷が言葉を発すると笑いになった。

「かがやー！　かがや〜！」

行く先々で人だかりができ、人気は絶頂期へと向かっていった。

だが、人気者としてテレビでブレイクし始めた裏で、加賀谷は自分自身をコントロールできなくなっていた。

一躍、加賀谷を全国区の人気者へと押し上げた『タモリのボキャブラ天国』、そこで付けられたキャッチコピーが、あまりにも的を射すぎていた。

『汚れなき壊れ屋』

加賀谷は壊れ始めていた。いや、すでに壊れていた。

忙しく、休みがない毎日も原因の一つ。友達と深夜まで遊び、生活のリズムを整えなかったことも影響している。

しかし、バランスを崩した最大の原因は、自分勝手な薬の調整に他ならなかった。

「最近調子が良いし、今日はこの薬だけでいいか」

加賀谷は数種類の薬を飲んでいたが、いつからか自分の判断で薬を減らしていた。

そもそも、薬は飲みたくなかった。16歳で初めて服用したときから、ずっとずっと飲みたくなかった。薬を飲んでいることへの劣等感。精神科の薬を飲んでいるということは、普通じゃないんだ。僕も普通になりたい。純粋な思いだったが、誤った思い込みだった。芸人になり、他人に認められることが増えると、劣等感が優越感へと逆転した。症状も緩和され、加賀谷の周りには多くの人間が集まっていた。

僕は、普通以上になったんじゃないか。歪んだ気持ちが、加賀谷を薬から遠ざけた。

「もう、薬なんて飲まなくてもいいか」

1日、薬を断ってみた。多少の不安はあったが調子は崩れなかった。2日たっても変わらない。3日たったら快調に思えてきた。

「やった、やったぞ。僕は薬を止められたんだ」

断薬。一切の薬を断つこと。しばらくは調子が良かったが、それは本人の感覚にすぎなかった。断薬してから何日かたつと、突然、具合が悪くなった。

ソワソワが収まらない。いろんな感情が頭の中で入り乱れる。重く黒い塊が、頭がい骨を圧迫したり、ギャリギャリと削るように締め付けてきたりするようだった。

治ってなんかいなかった。治ったと思ったのは僕の錯覚だった。薬を飲まなきゃ。早く飲まなきゃ。

加賀谷は焦るあまり、残っている薬を大量に口の中に放り込んだ。

無茶苦茶だった。その場はなんとか持ち直すことができたが、調子が上向くと、また同じことが繰り返された。

他人に認められることによって、加賀谷にできた隙。当時、世間に蔓延していた、『薬なんかに頼るんじゃない』『根性で治せ』という、精神論にも振り回されてしまった。

「僕は、病気をなめていた。薬をなめていた」

正しい服薬は、恥ずかしいことでもなんでもなく、それこそ『普通』だということを、まったく理解できていなかった。

俺は、加賀谷の状態が思わしくないことに、最初のうちは気がつかなかった。稼げるときに稼がなくてはという世界、1年半以上休みがなかったせいで、だるそうな加賀谷を見ても、疲れているのだと解釈してしまった。

仕事で、楽屋に直接入ったときのこと。

「ここで寝てもいいですか」

言うが早いか、加賀谷はごろんと床に転がった。疲れがたまっているのだろう。俺は加賀谷の好きなようにさせていた。

「休んどけ、休んどけ。今のうちに寝とけ」

そのまま本番まで動かないこともあったが、本番に入ると、いつものようにおどけたハウス加賀谷がそこにいた。

「かがやで〜す！」

芸人という自分の居場所を、わずかな間でも離れたくない。どんなに具合が悪くても、加賀谷はお客さんの前に立ち続けた。笑ってもらえる、喜んでもらえる、唯一、自分が自分でいられる。そのことが、支柱を失っていた加賀谷をかろうじて支えていた。

俺は、そんな加賀谷を、何も理解していなかった。分かっている気になっているだけだった。

異変に気づき出したのは、加賀谷の遅刻が目立つようになってからだった。回数も増え、遅れてくる時間もどんどんと長くなっていった。具合が悪いのだろうか。調子が良くないのだろうか。気を揉んだが、すでに加賀谷は自分を保てなくなっていた。

レギュラーで出演していた番組のロケに、4時間遅刻してきたことがあった。帽子を目深にかぶった加賀谷は、ロケバスで待っていた俺の前に来ると、帽子を脱ぎ、深々と頭を下げた。

「すみませんでした」

声は、震えていた。心は、一層震えていた。

遅れたことを責めても意味がない。仕事へと気持ちを切り替えられるよう、俺は加賀谷に笑いかけた。

「しゃあないやつやなあ、ほんま。心配すんな。準備できたら始めよか」

スタッフにも改めてお詫びを入れる。

「申し訳ございませんでした。今日はとびきり、いい仕事しますんで」

「大丈夫ですか？」

スタッフが、加賀谷を気づかう。

「大丈夫です……」

持ちこたえてはいたが、加賀谷の状態は良いはずがなかった。ロケは、俺が引っ張る形でなんとか撮り終えた。

帰りの電車、ドアにもたれる加賀谷。深々とかぶった帽子の下から涙が流れていた。触れられても心苦しいだけだろう。俺は、わざと気づかないふりをしていた。

「余計なこと考えんと、今日はゆっくり休めよ」

それだけ伝えると、俺は先に電車を降りた。


深夜。胸騒ぎがした。

電車の中で泣いていた加賀谷の姿がフラッシュバックした。

「あかん。それは、したらあかんよ」

加賀谷が、命を絶ってしまう。

直感だった。

俺は、プリンターの給紙トレーからA4のコピー用紙を引っ張り出すと、急いでマジックを走らせた。電話をしてもおそらく出ない。出たくないから受話器は取らない。だったら文字だ。書いた文字なら読むことはできる。

『簡単なことはするな　それはつまらないから　俺もそれはしない』

そう書き上げると、俺はFAXを送信した。

加賀谷の自宅。電話が鳴ると、留守番電話の音声からFAXへと切り替わった。電話機から送り出される手書きの文章。加賀谷は、俺が送った言葉を目にしていた。

「僕は、何をしようとしていたんだ」

涙があふれて止まらなかった。泣きながら、加賀谷は書いてある意味をくみ取った。

死んではいけない。キックさんや、みんなを悲しませてしまう。おもしろいことをするのが芸人なのに、僕はなんてつまらないことをしようとしていたんだ。それまでも何度か睡眠薬を過剰摂取し、自殺を図ろうとしていた。奇跡的にも、助かっていただけだった。

そのFAXを機に、加賀谷は自らの意志で命を絶とうとすることはなくなった。

死にたいという思いを持つことを、俺は否定できない。俺自身、人生の幕引きは自分でという考えを持っていたし、それも一つの表現だと見なしていた。だけど、本当に死んでしまうことは肯定できなかった。矛盾はしていたが、だからこそ、「俺もそれはしない」と最後につけ加えた。そこで終わってしまう。死の次に待っているものは、何もないのだから。

僕は殺される《限界》

自殺は思いとどまった加賀谷だったが、断薬や、薬の過剰摂取は繰り返していた。症状は日に日に悪化の一途をたどっていった。

加賀谷の日常は壮絶なものだった。

「誰かが、僕の命を狙っている」

統合失調症の陽性症状、妄想が現れていた。

常識で考えると、あり得ない、荒唐無稽な話だが、妄想という症状が出ている加賀谷にとっては、事実でしかなかった。

「僕は殺される。プロの殺し屋が僕を殺しにやってくる」

妄想は日を追うごとに強固となり、加賀谷の心を蝕《むしば》んでいった。


晴れた日、夕刻前。

築15年ほどの4階建てマンション。4階角部屋、2DKの部屋に、加賀谷は一人で住んでいた。

南向きに、ベランダに面した大きな窓があり、太陽の光が強く差し込み眩しい。光を遮るカーテンはなく雨戸もない。唯一、白くて薄いレースのカーテンだけが吊るされていた。

窓を開けると、風が出入りし、レースがふわりふわりと揺れていた。めくれた隙間から、加賀谷はふと外の風景を見た。向かいにあるビルの屋上、信じがたい光景があった。

黒い服に、黒いゴーグルの男、立っていた。

「まずい……」

命の危険を察知する。神経が逆立ち、鼓動が激しくなる。

黒い服の男が動き出した。屋上のフェンスから身を乗り出し、ライフルを構える。照準は加賀谷の額、ピタリと狙い定められていた。

「うわあぁぁぁ……」

叫び声が響き渡った。

反射的に体が反り返り、もんどりうって転倒、床に突っ伏す。頭のてっぺんから足のつま先まで、ガタガタと震え、上下の奥歯はこすれ合い、ガチガチと音を立てた。

「殺さないで、お願い、僕を殺さないで下さい」

震える体を押さえ込もうと、両手をクロスさせ、自分で自分を抱え込むようにギュッと力を入れた。指先が上腕に食い込み痛みが走る。

涙が、ボロボロと流れてきた。

こんなの嘘だ。黒い服を着た男なんか、殺し屋なんかいるはずがない。

恐怖を振りきろうと、加賀谷は立ち上がり、もう一度窓の外を覗いてみた。

黒い服の男はライフルの銃口を向け、獲物に隙ができるのを待っていた。

「あぁぁっ……」

「助けて、助けてくれ」

声にならない声を上げ、加賀谷は床に伏せ、再び自分を抱きしめた。

「殺される、殺される。ついにプロのスナイパーが殺しに来た」

幻視だった。

実体のないものが、加賀谷には見えていた。見えているから真実で、それがすべて。脳が作り出した幻という発想はなかった。

スナイパーは幾度となく現れた。

向かいのビルの屋上から、窓下の駐車場に停車している軽トラックの荷台から、電柱の陰から、昼も夜も加賀谷を狙った。

向かいのビルが見える大きな窓は、下から50センチだけ、すりガラスのように曇っていた。

「ここだ。このスペースに隠れよう」

ここに隠れていれば僕の姿は分からないはずだ。撃たれることもない。

バカバカしい行動だが、真剣だった。部屋における加賀谷の生活は、床から50センチ以下に限定されていった。

移動するときはほふく前進、ご飯も這いつくばって食べる。音を立てず、夜になっても明かりはつけなかった。以前、カーテンに映った影をスナイパーが撃ちぬき、ターゲットを殺したという小説を読んだことがあった。

「明かりをつければ、影を狙われる」

加賀谷は暗闇の中、かろうじて息を吸い、かろうじて吐いていた。

そんな状態にもかかわらず、加賀谷が仕事を休むことはなかった。ハウス加賀谷でいる間だけは、殺し屋のことを忘れることができた。何よりも、自分の居場所、芸人であることを守り通したかった。

喜びも、怒りも、哀しみも、楽しさもない。あるのは絶え間なく続く、恐怖と苦しみ。限界に達するまでに時間はかからなかった。

加賀谷が救いを求めたのは母親だった。

「母さん、どうやら僕、具合が悪いみたいなんだ」

痛ましい電話。我が子の危機を察知した母親の行動は早かった。生活を共にするために、一人暮らしをしていた加賀谷のマンションに、布団一式を運び込んだ。今、手を差しのべなければ、取り返しのつかないことになる。子を想う、母の本能だった。

同居初日から、母は治療を勧めた。

「潤さん、今すぐ入院したほうがいいわよ」

「絶対に入院なんてしないよ。僕には仕事がある。キックさんも待っているし、お客さんも待っているんだ」

入院するということは、芸人を辞めなくてはいけないということ。加賀谷は、芸人でなくなってしまうことを、もっとも恐れていた。芸人でない僕は、何者でもない。何者でもない僕は、いったいどうやって生きていけばいいんだ。

苦しむ息子の姿を間近で見ていた母は、粘り強く説得を続けた。息子にとって最善となる道を考え、毎日、毎日、治療に専念するよう助言した。

およそ2か月。最初は届かなかった母の声が、しだいに加賀谷の胸に留まるようになっていった。加賀谷自身も、疲弊しきっていた。

「僕、やっぱり、入院したほうがいいのかな」

母が差しのべた手を、ようやく息子が握り返した。


俺は、加賀谷が辞めることを、事後報告で知ることとなった。事務所の稽古場で話し合いが持たれたが、本人だけで来られる状態ではなかったので、母親も同行していた。

「すいません……」

話し合いの席で、加賀谷がはっきりしゃべった言葉は、それだけだった。

目線を落とし、俺の顔を見ようともしない。問いかけに対しては無反応。会話にならなかった。

感情を喪失してしまっているのか、その場にいることが苦痛なのか。ただ、話し合いが長くなることは、加賀谷にとって重荷に感じられるようだった。

人は、ここまで変わってしまうものなのか。

俺は、加賀谷の姿から、治療が長くかかることを感じ取っていた。

「1年たってもいい。2年たってもいい。5年かかっても、10年かかってもいい。そのときに芸人をやりたいと思ったら言うてこいよ。そしたらまた、一緒にやったらええやないか」

復帰したいという気持ちはあるだろうが、「早く戻れよ」とは言えなかった。

焦らず、しっかりと治療を受けてほしい。仮に、芸人として復帰できなかったとしても、いつか笑って話ができればいい。少しでも良くなること、それ以外、何も願わなかった。

芸人・ハウス加賀谷は、そして過去となった。

僕のことを笑っているんだ《閉鎖病棟》

精神科病院。

加賀谷は、もっとも状態が思わしくない時期に入る、急性期病棟へ入院した。出入りの自由が利かない閉鎖病棟。最初に入ったのは、自らの意志で出入りすることができない、『保護室』という個室だった。

「噂には聞いたことがあったが、僕はここに入るほど具合が悪いんだ」

目の前に漂うのは、『絶望』という文字。未来は真っ暗で、何も見えなかった。

「保護室の壁は、うっとうしいくらい白いのに」

真っ白な壁に囲われた六畳ほどの部屋。緑色をしたリノリウムの床に、布団が一組とポータブルのトイレが一つ。天井には監視カメラが取り付けられ、24時間体制で患者の安全を管理する。入り口を背に奥の面が白い鉄格子になっていて、個人の荷物などはすべて鉄格子の外に保管された。

自傷他害の恐れあり。自らを傷つけたり、他人を傷つけたりしてしまう。

保護室に他人はいないものの、自らを傷つける可能性がある品々は、すべて本人から遠ざけられた。加賀谷もまた、自傷他害の恐れがあると診断されていた。

精神科の古い保護室は、刑務所の独房をモチーフに作られたという。すべてがそうではないかもしれないが、その話を聞くだけで、精神科の患者がどれほど不遇な時代を過ごしてきたか想像に難くない。

今では、患者ベースの考え方が広まり、環境改善のされた病院も増えてきている。地域や携わる人間によって差があるのも事実だが、熱意を持って取り組んでいる医療関係者や福祉スタッフもたくさんいる。自らが病気であると正しく認識し、治療を受けるのが第一歩となる。

幻覚や妄想などの陽性症状が落ち着くと、加賀谷は保護室から大部屋へと移動した。大部屋に移っても、調子を崩したり、トラブルを起こしたりすると、また保護室へと逆戻り。加賀谷も何度か、保護室と大部屋を行き来した。

大部屋で過ごしているとき、『業務用』という言葉が流行ったことがあった。食事で出された味噌汁の味が薄く、

「これ、業務用じゃない」

と誰かが言い、みんなが笑ったことが発端だった。

「何このお茶、色ついてないよ」

「それ、業務用じゃねえ」

みんな大笑いした。最初は、比較的明るいグループが中心になって使っていたが、瞬く間に病棟内に広がった。

一旦広まると言葉の使い方は独特の進化を遂げていく。

廊下ですれ違ったら、「やあ、業務用」。

朝、目覚めたらあくびをしながら、「業務用～」。

トイレで隣になったら、「お、業務用だね」。

何がかは分からないが、何にでも使われるようになっていった。

入院患者のほとんどが大笑いしていたが、加賀谷はまったく笑えなかった。『業務用』という言葉が、『カガヤ臭い』という隠語に聞こえていた。

中学から高校にかけて経験した『カガヤは臭い』という妄想がぶり返していた。このときは幻聴こそなかったが、みんなの笑い声にひどく苦しめられた。

「あれは絶対に、僕のことを笑っているんだ」

耐えられなくなった加賀谷は、最初に使い始めたグループのリーダーに、悩みを打ち明けた。

「みんなが笑っている『業務用』という言葉、僕が臭いという隠語に聞こえて辛いんだ」

リーダーは、その場で理解を示してくれた。

「それは悪かったね。だったらもう使わないようにするよ」

加賀谷がほっとしたのもつかの間、いきさつを知らないグループの一人が、のほほんとそこにやってきた。

「よう！　業務用～！」

止まらなかった。飛びかかった加賀谷は、言わないでくれと、泣きながら殴りつけてしまった。騒ぎを起こした加賀谷は、保護室へと移された。

治療が進むと症状は緩和された。大部屋のみんなとも打ち解け、楽しいと思える時間が増えるようになっていった。

半年がたち、主治医が退院の時期を切り出した。

「来月、退院でいいよ」

ちょうど7か月。加賀谷は精神科病院を退院した。

松本ハウスの第一幕が終わりました《一人》

加賀谷が療養生活を送る間、俺は一人で活動していた。

ほぼすべてがコンビのスケジュールだったため、加賀谷の入院と同時にテレビやイベントの仕事は、ほとんどがキャンセルとなった。

突如として訪れた、空白の時間。だが俺に、動揺はなかった。

直後に予定されていた二人のトークライブも一人でこなした。ライブは1時間半の予定だったが、頭をフル回転させしゃべっていると、2時間が過ぎていた。

「おもしろかったよ」

気にかけてくれていた放送作家さんが、ライブを見に来てくれていた。

「ありがとうございます。なんとか、なんとかですけど」

「そんなことないよ。全然いけるよ」

勇気の出る言葉だった。

俺は俺で、やれることをやっていこう。一人になったら、一人でできるおもしろいことをやればいいだけだ。辞めて就職しようという発想はなかった。新しい相方を探そうとも思わなかった。加賀谷がいなくても、俺は、松本ハウスの松本キックだった。

親しい関係者にだけ、ハガキでコンビ解散の連絡を入れた。

加賀谷が健康面の問題から退社したこと。松本キックはピンで活動を続けること。そして最後にこう書き添えた。

『松本ハウスの第一幕が終わりました』

トークライブに、ネタだけのソロライブ、イベントの仕事にコラムも数本。声がかかれば役者としても舞台に立った。

仕事は、いいときもあれば悪い時期もあった。なかなか安定とはいかなかったが、どうにかこうにかやっていた。そんなある夜、一本の電話がかかってきた。

深夜、自宅の電話。こんな夜遅くに誰だろう。心当たりはなかったが、俺は受話器を取った。

無言。何度か問いかけたが返事はない。受話器の向こうに人の気配はするが。いたずらと判断し、受話器を置こうとしたときだった。

「あの……、ごめんなさい……」

聞き覚えのない、若い女性の声だった。間違いかとも思ったが、どこか切りづらい、沈黙の中に訴えてくる情念があった。彼女は何かを話したがっている。俺は垣根をおろすと、気さくに聞いてみた。

「どうしたぁ？」

おそるおそる、彼女が話し出す。

「ごめんなさい。加賀谷さんの知り合いなんですけど。あの、今は、もう連絡、取ってないんですけど」

「そうなんや」

「前に、勝手に加賀谷さんの手帳を見て、キックさんの電話番号を調べてあって、」

申し訳なさと、辛さの混じった声。加賀谷の手帳を見たということで、関係性はなんとなく察しがついた。

「私、リストカットするんです」

唐突に、彼女は言った。俺は一瞬ハッとはしたが、彼女の心内に寄り添った。

相当の勇気がいったことだろう。俺に伝えようと思っていたことはこのことだったのか。いや、本当は、何を伝えたいのか分からなくなっていたのではないだろうか。何かをどうにかしたくて。今が辛くて。今、一人でいられなくて。根拠もなく、頭に浮かんだ俺を、『この人なら』と当て込み電話をかけたのだろう。

俺はそんな想いを、丸ごと受け止めることにした。

「そっかあ。リストカットしちゃうんか」

「なんか、すいません」

「ええよ、ええよ。生きていくのも、しんどいもんな。俺も、まあ、今は生きてるかな、ってとこやな」

日常会話をするように、俺は彼女と話し出した。

「リストカットなんか、ほんとはしたくないんよな」

「そうなんです」

「でも気づいたら血は流れてる」

「すいません。こんな話で」

「なんで？　そんな話もあってええんよ」

彼女だけが特別なわけじゃない。彼女がおかしいわけじゃない。精神疾患を伴わないリストカットは障がいではないが、コントロールできない瞬間など、誰にでもある。自分の行為が見えているだけで、儲けもんだった。

話していくうちに、お互いの距離が縮まっていった。それまでも何度も自傷してしまったこと、将来が不安なこと、ストレスに感じていることも話したが、好きなミュージシャンや最近の出来事など、世間話にも花を咲かせた。

いつの間にか、俺と彼女は笑って話をしていた。何時間も、何時間も笑っていた。

外が、明るくなっていた。

電話を切る間際、俺は彼女に、またかけてきてもいいと言っていた。

そして、彼女には会わないこと、常に電話に出られるとは限らないこと、すぐではないが、俺はいつかはいなくなる存在だということも伝えた。彼女にとって、俺という人間など、必要なくなればいい。自分の足で歩いていけよ、と。

彼女とは、その後も電話でやりとりをした。1か月に二、三度話すこともあったが、半年ほど間が空くこともあった。

部屋をぐちゃぐちゃに荒らしてしまった直後、眠れないとき。電話は彼女の部屋からがほとんどだったが、時には真っ暗な川のほとりを一人で歩いていたこともあった。

つながれば毎回朝まで話を聞いた。納得するまで電話は切らない。彼女と接しよう。覚悟を決めた、俺の礼儀だった。

話を聞き、共感できることは共感し、話題を共有する。俺の話もするが、肝心なことは常に同じだった。

「じゃあ、どうするかを考えていこうかな」

リストカットを減らしていくためにどうすればいいか。いきなりなくすことを望めば無理が生じる。少しずつ、少しずつ、衝動を我慢し、ストレスのはけ口を別の方法へと切り替える。

どんな工夫ができるか一緒に考え、俺からも提案した。なるほどと思えばやってみる。違うと思えば違うと彼女も言う。そこに強要はなかった。

「使えそうやなと思ったら使ったらええよ。それに、もし俺の意見を取り入れたとしても、『そうしよう』と決めるのは自分自身やからな」

一にも二にも、俺は彼女の自立を考えた。この関係性に依存が生まれてはいけない。自分の人生を自分の足で歩んでいくと困難にも出くわすが、これほど楽しいことはない。彼女にも、そうなってほしかった。

「やっと就職できました。リストカットも、もう、だいぶしてません」

4年ほどたったとき、彼女がそう話してくれた。「そうか、そうか」と答える俺の口元はほころんでいた。就職祝いを言葉にすると、いつも通り朝まで笑って話をした。くだらないことや、腹が立つこと、不安に思うことも笑って話した。彼女との電話のやりとりはそれが最後となった。

その彼女に、俺は一度だけ会ったことがある。最後の電話から1年後、俺が主催するライブを、彼女が見に来ていた。

いきなり「ありがとうございました」と女性が言った。最初は誰だか分からなかったが、すぐに電話の彼女だと気がついた。

リストカットはもうしなくなったと言っていた。仕事で嫌なこともあるけど続いていると言っていた。楽し気に、少し恥ずかしそうに話す彼女。笑顔が、とても素敵だった。

仲間はここにいる《自宅療養》

「キックさん、ちょっと前ですが、無事に退院できました」

「おう、良かったなあ。どうや、調子は？」

「そうですね……、あんまり、良くないですね」

「まあ、そんな急には良くならんよな」

「心配をおかけしてすみませんでした」

加賀谷から退院の電話を受けたのは、秋も深まった頃だった。本当は夏に退院していたが、加賀谷は、俺に連絡をすることをためらっていた。

「急に、辞めることになってしまって、申し訳ありませんでした」

迷惑をかけたという負い目が、心にひっかかっていた。その報告を最後に、加賀谷が連絡をしてくることはなくなった。


連絡は俺から。自宅療養中の加賀谷に、俺はコンタクトを取り続けたが、頻繁にやりとりすることは控えていた。

芸人復帰を目指したい加賀谷に、仕事と直結する人間である俺が、度々連絡をすれば焦ってしまう。早く戻ろう、急がなければと、無理をしてしまうと考えた。

3か月に一度の電話。

俺からの連絡は、5分程度のなんでもない会話に限定されていた。

「調子はどうや」「どうしてる」俺が聞くと、いつも「元気ですよ」と返ってきた。電話が嬉しくて、加賀谷は空元気を出していた。

時折、本音が顔を覗かせることもあった。

「人の目が怖いんです」

「調子の波があって」

「誰とも会いたくなくて」

俺は、そんな加賀谷の言葉を、重く受け止めすぎないようにしていた。

「そんな時期もあるよな」

「のんびりやっていくしかないよ」

短いやりとりだったが、それが、俺のとった加賀谷との距離だった。

正直俺は、加賀谷の復帰は難しいと感じていた。コンビ再結成の希望は持っていたが、過度な期待は持たないようにしていた。もし未来において、お互いの道が交わっていれば、また一緒に活動することも叶うだろう。そのためにも、俺は俺の道をどこまでも進むだけだ。

もしかすれば、交わることのない道かもしれないが、加賀谷を見捨てることはしたくなかった。見捨てる必要もない。加賀谷は俺にとっての、相方なのだから。

仲間はここにいる。一人ではない。ダイレクトに伝えることはなかったが、その距離は柔らかなメッセージとなり加賀谷の心に沁みていった。

自宅療養中の加賀谷は、幻覚や妄想という陽性症状こそ治まっていたものの、陰性症状はまだまだ色濃く現れていた。

意欲が湧かない。疲れやすい。感情の動きも鈍く、モヤモヤとしている間に1日が過ぎることも多かった。

薬の副作用もきついと加賀谷は感じていた。

僕の顔の前には、薄い膜が張られている。会話をしていても、相手の声がこもったように歪んで聞こえてくる。

「まるで水の中で話しているみたいだ」

僕の言葉も、相手にきちんと届いているのかどうか。会話に現実感が伴わない。

加賀谷には何が症状で、何が副作用なのかも、はっきりとしていなかった。

僕は芸人に戻るんだ《回復》

退院してから5年ほど、加賀谷は自宅にひきこもっていた。

気分の優れるときだけ外に出る。地域の保健所が主催するデイケアにも通っていた。精神疾患を持つ仲間と共に、革工芸や絵ハガキを作る作業に没頭する。加賀谷が接する、数少ない交流の場だった。

デイケアで仲良くなった仲間の一人が、新薬の情報を教えてくれた。

「加賀谷くん、今度出た『エビリファイ』っていう薬がけっこういいらしいよ」

「へえ〜、そんな薬出たんだ」

症状のことや、薬の話はよく話題にあがっていたが、新薬のことは初めて聞いた。

飲んでいる薬の副作用が強いと悩んでいた加賀谷は、藁にもすがる思いで主治医に相談してみた。

「薬なんですけど、『エビリファイ』は、僕に合いますかね」

主治医は、「う〜ん」と少しだけ考えると、にっこり笑って加賀谷に言った。

「いいかもね。替えていこうか」

あまりにもあっさりで驚いたが、移行は慎重に行われた。

4か月間かけ、それまで服用していた薬をエビリファイに置きかえていく。主治医も診察時には、いつも以上に丹念に様子を聞き、電子カルテに詳細を打ち込んでいた。

加賀谷に効果が現れたのは、移行を始めてすぐのことだった。顔の前を覆っていた膜が剝げ、会話に現実感が戻ってきた。

「すごいぞ。すごくクリアだ」

エビリファイが、加賀谷の体にマッチした。

統合失調症の治療において、薬は一定の効果を発揮する。急性期においては重要な役割も担う。しかし、どの薬、どれくらいの量が本人に合うかは、人それぞれ異なってくる。加賀谷と同じ薬を服用しても、症状が改善されない場合もある。薬については、主治医やセカンドオピニオンの医師とよく相談することが望ましい。

薬はあくまで、一方の翼。回復の土台として支えてくれる。そこからはもう一方の翼、本人を取り巻く環境が、より大切になっていく。

「キックさん、『エビリファイ』っていう薬に替えたんですけど、調子がいいんです」

加賀谷に電話をかけると、それまでとは違う、無理をしていない明るさが感じられた。薬によってこんなにも違うものかと俺も驚いたが、良い方向に向かっていることは、声の張りからも明白だった。

自分に合う薬と出会ったことが、一つのきっかけとなった。加賀谷の中で眠っていた、芸人復帰への想いに火がついた。

絶対に、絶対に、僕は芸人に戻るんだ。

表には出さず、胸の奥にしまっていた希望。芸人としてまた舞台に立ちたいという願い。夢だったことが、現実的な目標となり定まった。

「でも、何をどうすればいいのかな」

目標に向かうために不可欠なものは何か、加賀谷は内なる自分を見つめてみた。

唱えるよう、自問する。

「おい、加賀谷潤よ。今のお前は、芸人・ハウス加賀谷でもなんでもない、ただの人間だ。でも、運がいいことに、ちょっとだけ、頭がクリアになってきた。どうする？　もう一度、芸人として舞台に立ちたいのか。ハウス加賀谷として芸人に戻りたいんだったら、いいかよく聞け。考えるんだ。今の自分に、何が足りないのかを、しっかりと見極めるんだ」

ひきこもっていた間、親や、親しい友人とは会話をしたが、圧倒的に人と接する場面が少なかった。加賀谷には、コミュニケーションの力が不足していた。

「ちゃんと、やりとりできるかな」

芸人に戻っても、お客さんや、周りの芸人とうまくやっていける自信がない。コミュニケーションの能力を高めるには何かをしなくては。

「そうだ、アルバイトだ」

主治医にも勧められていた。両親や友達に相談すると、心配しながらも賛成してくれた。

俺にも、加賀谷から連絡があった。

「今度、アルバイトを始めようと思ってるんですけど」

人と関わるのはいいことだ。時間が余ると、ついつい余計なことも考えてしまう。加賀谷が世の中と接することは俺も賛成だった。

「ぼちぼちやっていけばいいよ」

「はい。週2日くらいから始めるつもりです」

「週2日って、そんなに働いたらお前、金持ちになるんちゃうか」

「すいません、僕だけ成金になって」

芸人に戻りたい、その一心で加賀谷は動いていた。

キックさんをよろしくお願いします!《結婚》

喫茶店のウェイター。知らないお客さんと接することで、コミュニケーションの力もつくはず。時給をもらいながら、時にはお客さんと談笑でもしよう。計算の上では、一石二鳥だったが、加賀谷の青写真は、初日からもろくも崩壊した。

教えてもらった業務が、うまくできなかった。喫茶店の仕事において基本中の基本、コーヒーの提供に苦戦した。

「コーヒーのお客さま、お待たせしました」

運んできたコーヒーをお客さんのテーブルにそっと置く。この『そっと』がやっかいだった。

薬の副作用で、手が震える。コーヒーカップをのせたソーサーを持つと、震えが伝わり、カップがソーサーの上で踊り出す。

『カチカチカチカチカチ……』

瀬戸物と瀬戸物がぶつかり合う、高く乾いた音。音は焦りを誘い、震えを増幅させる。カップの中のコーヒーは波打ち、ソーサーの上にあふれ出していた。

「ど、どうぞ……」

お客さんの前に出されたとき、コーヒーは3分の1もこぼれていた。

あからさまに嫌な顔をするお客さん。当然のことだったが、加賀谷は焦ることしかできなかった。謝ろうにも言葉が出てこない。その場から早く離れたくて、マニュアル通りの応対をした。

「ごゆっくりどうぞ」

ゆっくりできるはずがなかった。

レジも苦手だった。

「加賀谷さん、分かりました？」

「そ、そうですね、はい、いや……はい」

店長にレジの使い方を教えてもらうが、頭に入らなかった。アルバイトの先輩にもう一度教えてもらいメモを取った。家に帰ってから復習して、ようやく一人のお客さん相手なら対応できるようにはなった。

けれども、複数のお客さん相手では勝手が違った。数名で来たお客さんが、一つの伝票で、個々の飲食分を支払おうとする、個別会計ができなかった。

「私は、アイスコーヒーね」

できないことを求められ、加賀谷の手はレジの前で固まってしまった。

何も知らないお客さんは不審がる。慌ててレジスターをいじくってみるが、うんともすんとも言わない。レジが、自分を笑っている悪魔のように思えてきた。

なんとかしなければいけないが、どうしていいのか分からない。加賀谷の脳裏に、一つの解答がひらめいた。

「え〜、お客さま。当店は、一括会計になっています」

でたらめだった。啞然とする客に、汗だくの笑顔を向けるのが精いっぱいだった。

「加賀谷さん！」

たまたま奥で聞いていた店長が飛んできた。

「申し訳ありません。すぐにお会計させて頂きます」

店長は、お客さんに深々と頭を下げるとレジを打ち出した。

役に立たない自分が悲しかった。呼吸も苦しくなってくる。迷惑をかけているという現状が心を締め付けていた。

「加賀谷さん……」

お客さんの対応を終えた店長が、加賀谷をバックヤードに呼び出した。二度と店に来ないでくれ、そう言われることを覚悟し、謝った。

「あの、すいませんでした」

「もう、いいですから」

目線を上げると、店長はにっこりと微笑んでいた。

「加賀谷さんは、ホールが苦手なようなので、厨房の仕事をお願いしてもいいですか」

救われた。加賀谷が統合失調症であることを、店長は知っていた。知った上で採用し、理解しようとしていた。

その後、店長が二人代わり、加賀谷はシフトに入れなくなっていった。不景気による人件費削減。理解があれば、できる仕事もあったが、真っ先に切られてしまうのは仕事の幅が限られてしまう加賀谷だった。

だからと言って、店長や店を恨むことはしなかった。雇ってもらえる職場を探そう。気持ちを切り替えると、加賀谷は次へと行動を移していた。

新たな仕事先でも失敗は多かった。そのたびに怒られもしたが腐らなかった。

「失敗しても、殺されるわけじゃない」

芸人に戻るという目標に向かい、加賀谷は、地味だが着実な一歩を重ねていった。

後々になって、分かったこともあった。

加賀谷は、人前に出る仕事をしていたので、人と接する仕事が向いていると考え、接客業を選んでいた。しかし、それは正しくなかった。

もっとも長続きした職場がある。そこでの仕事が、加賀谷には合っていた。

アパレルメーカーでの、アクセサリーや小物作り。人と接する仕事とは真逆の、黙々と何かを続ける作業。自分では苦手だと決めつけていた仕事だったが、やってみて初めて、向いていることに気がついた。

にしてもだ。ガタイのいい坊主頭の男が、女性向けの小物を作っているとは。想像しただけでもインパクトは大きかった。興味をそそられた俺は、加賀谷に聞いたことがあった。

「お前が作ってる中で、得意な小物ってあるの？」

「バラのコサージュです」

冗談かと思った。その顔でかと思った。しかし、加賀谷の目は、笑えるくらい澄んでいた。どんなものにも、向き、不向きはある。合っている仕事を見つけることができた加賀谷だが、腐らず、粘り強く、仕事を探し続けたことの成果なのかもしれない。


アルバイトをしながら、復帰を目指していた加賀谷。調子が上向き、表に出られるようになったことで、俺との連絡も増え、会うこともしばしばとなっていった。

久々に会った加賀谷は別人だった。太っている上に、髪の毛も伸びていた。コントのために仕込んだのではないかと思うような風貌に、俺は大笑いした。

俺が出演していた芝居もよく見に来るようになった。

「お疲れさまでした」

「おう、ありがとうな」

毎度のことだったが、終演後、楽屋へ挨拶に来る加賀谷は眠たげだった。楽屋で、大あくびをしたこともあった。

「お前、ちゃんと、目覚めてから来いよな」

「僕、いい作品を見ると寝ちゃうんです」

「嘘つけよ。暗くなると寝てしまうだけやろ」

「なんで分かるんですか」

「子供かよ」

家にも遊びに来るようになった。

「紹介するわ。うちの嫁、正確には嫁になるってとこかな」

「加賀谷です。真一《しんいち》さんにはいつもお世話になってます」

「本名で呼ぶなよ俺を。気持ち悪いな」

「親としては言っとかなきゃいけないでしょ」

「誰が親やねん」

嫁も加賀谷に挨拶を返す。

「初めまして。話はキックさんからよく聞いています」

「僕が、どれだけ優れているかっていうことですよね」

「自分で言うなよそんなこと」

「加賀谷さん、キックさんを、よろしくお願いしますね」

嫁の言葉に加賀谷も応える。

「こちらこそ、キックさんをよろしくお願いします！」

「なんか、俺がめっちゃダメな人間みたいやないか！」

２００７年４月。俺は結婚をし、その年の10月に長女が生まれた。加賀谷は、婚姻届の証人にもなってくれた。復活、２年前のことだった。

復活から

お久しぶりです！　かがやで～す！《復活ライブ》

坊主頭に、ピチピチの白いブラウス。パンツもピチピチ、ショッキングピンク。10年前の活躍がまるで昨日のことのように、復活ライブで見せた姿はあの頃のハウス加賀谷を彷彿させた。

変わったところは、パンツが紫からピンクになった点、体重が少しアップし太った点、少しだけ年をとった点だった。

「ちょっと、老けたんちゃうかお前」

「やだなキックさん、大人になったって言って下さいよ」

いったい誰が、加賀谷の芸人復帰を想像しただろう。何人の人が、加賀谷に戻ってきてほしいと願っただろう。

相方の俺でさえ、確信はなかった。

復帰前、電話をかけてきた加賀谷は、俺とつながった瞬間、わーんと大声で泣き出してしまった。症状が悪化したのかと心配した。とにかく落ち着かせよう。どうした、何があったんだと話を聞くと、「芸人に戻りたい。キックさんともう一度コンビを組みたい」と、復帰の意志を伝えてきた。そこまで来るのに10年かかった。泣き出したのは、感極まってのことだった。

統合失調症、それでも加賀谷は戻ってきた。

２００９年10月9日　19時30分

お笑いコンビ『松本ハウス』の復活ライブ。

会場となったのは、新宿歌舞伎町にある、トーク・ライブハウス、『ロフトプラスワン』だった。

前売りチケットはすべて売り切れ、立ち見席が追加されたがそれもすぐにソールドアウト。

「当日券はないんですか」

入りきれないお客さんが、受付でスタッフに尋ねていた。

「すみません。本日は完売です」

申し訳なさそうに、謝るスタッフ。チケットを入手できず、入るに入れないお客さんが、何人も入り口で立ち往生していた。

会場内では、ざわざわと唸るような声が交差する。皆、松本ハウスの登場を待ちわび高揚しているようだった。

客入れが始まると、楽屋では加賀谷の緊張がピークに達していた。

芸人に戻りたくてここにいる。なのに、逃亡してしまいたいくらい怖くて仕方がない。ネタを忘れてしまったらどうしよう。セリフが出てこなくなったらどうしよう。トークもうけるかどうか。それ以前に、うまくしゃべれるかどうか。

10年ぶりに芸人としてお客さんの前に立つ。平常心でいられるほうがおかしかった。

貧乏ゆすりが激しくなり、ソワソワと落ち着かない。用もないのに立ち上がり、用がないことに気づきまた座る。立ったり座ったり。じっと座っていると、それだけで心臓がバクンとはじけて飛び出しそうだった。

タバコを吸って落ち着こうとしたが、気持ちは思うように鎮まってくれない。タバコの本数だけがどんどん増えていく。

「お前、ここに火ついたタバコあるやん」

加賀谷の手にタバコが一本、目の前の灰皿に、もう一本火がつけられたばかりのタバコが置いてあった。

「あ、ほんとだ。すいません！」

慌てて二本とももみ消す加賀谷。

「どっちか残しといたらええのに」

「しまった。すいませんでした！」

謝る相手がいないのに謝罪をし、また、タバコを取り出し火をつけた。

俺の知る、芸人・ハウス加賀谷は、ここまでガチガチに緊張したことがなかった。

良くないな。

楽屋の空気も重くなっていた。

本番前から張り詰めていたのでは、もつものももたない。俺は、楽屋に顔を出していた後輩芸人たちの力を借りた。

「ほらお前ら、お前らがおもしろいこと言わへんから、加賀谷先輩が緊張してるやないか」

「あ、すいませんでした兄さん！」

「すんません！」

「気がききませんでした！」

場が沈むと、芸人という生き物は力を発揮する。ネガティブな気持ちも笑いにすれば、ポジティブに変えられる。

「頼むよみんな。僕、緊張してるんだからおもしろいこと言ってよ」

加賀谷も芸人。ネガティブを放出させると、たちどころに場は和んでいった。

「僕、おもしろいかな？」

「加賀谷さんは天才ですよ」

「ウソつけよ」

「すいません、ウソついてました」

「ウソって言うなよそこは」

「あ、すいません。本当です、ウソです」

「どっちだよ」

とんちんかんな後輩との会話で、加賀谷の緊張が少しだけほぐれていった。そのタイミングで、俺は加賀谷に言葉をかけた。

「とりあえず、焼きそば食っとけ、焼きそば」

心が不安定な状況では、前向きな言葉は無力と言ってもいい。

『自信を持っていこう』と言っても、自信が持てないから自信がないのだ。不安は、不安を抱いてしまうから不安になる。

そんなときは、ワンクッション、置くに限る。

加賀谷の意識を、一旦別のことに向かわせ、不安はあるものとして対峙した。ましてや、ライブは2時間の長丁場。乗り切るスタミナもしっかりとキープしておかなくてはならなかった。

俺の気持ちを察したのか、「焼きそばを食べておけ」という言葉に、加賀谷はすぐさま反応した。

「カレーも食べていいですか？」

「食っとけ、食っとけ」

食っとけ。後は舞台に立ってからだ。お客さんの前に出て、アクシデントがあったら、それはそれ。笑いにできることは、笑いにすればいい。リアルに予測ができない芸人なんておもしろいじゃないか。他にはない専売特許だ。

「それでは開演します。最初の曲、かけますね」

スタッフが始まりを告げる。

小気味のいいロック調の音楽が流れると、会場が色とりどりの照明で彩られた。

「よし、行くぞ」

「はい！」

加賀谷を先頭に、勢い良く楽屋を飛び出した。

客席を掻き分け、一直線にステージへと向かう。お客さんの声援が、登場曲と交じり合い、獣の雄たけびのよう場内を疾駆する。

舞台に上がると、色とりどりの照明が、真っ白なステージライトへと切り替わった。舞台上から見える、顔、顔、顔。早くも目頭が熱くなってくる。

一歩、加賀谷が前へと踏み出した。

「お久しぶりです！　かがやで～す！」

稀代の天然天才芸人ともてはやされたハウス加賀谷が、お笑いの世界に帰ってきた瞬間だった。

客席はたちまちヒートアップ。

「おかえり～！」

「かがや～！」

「待ってました！」

途切れることのない声援に、しゃべり出す余地すら見つからない。会場が壊れてしまいそうだった。

ライブはスタートしている。いつまでも、ご祝儀の歓声に浸っているわけにもいかない。

俺と加賀谷、コンビでどこまでやれるのか。ここからだった。

「コンビとしてお客さんの前に立つのは、10年ぶりなんですけどね」

「キックさん、10年間、何やってたんですか？」

「お前だよ！　お前こそどこ行ってたんや？」

「竜宮城ですよ」

会場がどっと沸く。加賀谷の言葉のチョイスにお客さんが乗せられていく。だけど冗談ではなく、浦島太郎になっていてもおかしくはなかった。入れ替わりの早い芸能の世界において、10年という期間はそれほど長いものだった。

「僕も成長して帰ってきました」

「体だけな」

加賀谷のお腹周りを指さす。

「何言ってんですか、ここには夢と希望が詰まってるんですよ」

「夢と脂肪やろ」

小気味のいいやりとりに、客席がまたどっと沸く。

帰ってきた。コンビを復活させても、うけなければ意味がない。お客さんが笑ってこそ、真の意味で復活だった。

ライブは二部構成。一部がトークと漫才が1本、二部がトークに漫才が2本。それぞれ1

時間という配分だったが、前半の一部は、あっという間に終わってしまった。

15分の休憩時間、楽屋に戻り喉を潤す。

「ええんちゃうか」

「はい」

「ネタも良かったし、このままいこう」

「キックさん、最後にやるネタなんですけど」

加賀谷の表情がこわばっていた。

「もう一回、合わせてもらってもいいですか」

ラストを締めくくる新ネタ。開演直前に合わせたときも、加賀谷は間違えてしまっていた。

前日の稽古でも、最後までミスなく通せていなかった。

最後で僕が躓《つまず》けば、ライブ全体を壊してしまう。

猛烈なプレッシャーが、加賀谷にのしかかっていた。

俺は即座にネタ合わせをした。力を入れず、ゆっくりと、お互いの呼吸を一番に考えセリフを洗った。

気負いすぎないよう、リラックスを心がけ合わせたが、加賀谷のセリフは滞ってしまった。

「後は、出たとこ勝負やな」

「なんとか、頑張ります」

「ええよ、ええよ。忘れたら、忘れたときのことや」

無言のまま、加賀谷はタバコに火をつけた。そこに、懐かしい声が響き渡った。

「お疲れさ〜ん！」

駆け出しの頃からお世話になっていた先輩芸人、ブッチャーブラザーズのぶっちゃあさんだった。

松本ハウスが、所属事務所以外のお笑いライブに初めて出演したのが、ぶっちゃあさんが主催する『馬鹿バトル倶楽部』だった。

毎月開催され、月ごとに優勝者が選ばれる。投票するのは審査委員。顔触れは、今から考えるとそうそうたる面々だった。

島田洋七さん、みうらじゅんさん、リリー・フランキーさんなど、今も活躍する多才な面々が審査を担当していた。

「ぶっちゃあさん、お久しぶりです」

俺は立ち上がると、ぶっちゃあさんに挨拶をした。加賀谷も慌ててお辞儀をする。

「おお、加賀谷！　元気になって良かったな」

「はい！」

忙しい中、復活ライブに足を運んでくれた。お祝いにと、大きな花まで出してくれていた。大先輩のサプライズに俺も加賀谷も感激していた。昔から面倒見のいい先輩だったが、まさかここでまた会えるとは。

「お前らが帰ってきて嬉しいわ。なんか泣きそうやったわ」

ぶっちゃあさんは、人懐っこい笑顔で、にかっと笑いかけてくれた。

「俺ら仲間やもんな」

十数年ぶりに会ったというのに、以前と変わらず接してくれた。直前まで抱えていた不安が、小さなことに思えてきた。先輩に恥はかかせられない。やるだけのことを、やれる以上にやろう。とたんに、後半の開始が待ち遠しくなった。

「なんかあったら何でも言うてこいよ。その前に、今度飲みに行こうや」

ぶっちゃあさんが楽屋を後にすると、俺は右こぶしを握り締め、かかりくる不安に向かい、シュッと一発ストレートパンチを放った。

「よっしゃ、後半もやるか」

「はい、お願いします！」

気が引き締まった。

二部、開演。

二人のかけ合いに、会場が再び熱を帯びていく。トークに漫才。笑いがうねりとなって、会場全体を呑み込んでいく。

時間が、ものすごいスピードで過ぎていった。まるで時の先頭に立って走っているようだ。時を、どんどんとおいてけぼりにしていく。気づけば、ライブを締めくくる最後の漫才となっていた。

不安要素たっぷりの新ネタ。ここまで来たらやるしかない。無心で、とはいかなかったが、加賀谷も集中はできていた。

「身近なエコって大事だよな。例えば、使わない電気を消すとか」

「え⁉　電気を消して、僕に何をする気？」

「なんもせえへんわ！　電気を消すだけだよ」

「（リモコンを持つしぐさ。キックに向けて）ピッ！」

「俺を消すなよ」

始まってみれば、ボケがことごとくはまっていった。

上出来だった。

多少の間違いはあったが、ネタもライブも想定以上にうまくいった。

まだ、やれる。ライブのエンディングには、そんな自信も芽生えていた。

「また、加賀谷くんと二人で活動していくことになりました。これからも、よろしくお願いします！」

「よろしくお願いします！」

大きな拍手に応えるよう、俺と加賀谷は、両手を広げ高らかに上げていた。俺の歓喜も本物だったが、加賀谷の喜びは格別だった。

統合失調症でも、加賀谷はお笑い芸人として戻ってこられた。お客さんを笑わせ、拍手までもらえた。

世の中から消えて10年、あまりにも長い休養。時代は加賀谷の帰りなど、待ってはいない。それでも松本ハウスを覚えてくれている人がいた。帰りを待ってくれている人がいた。

最高だった。


やっぱ加賀谷さん、天才ですよ！《打ち上げ》


ライブが終わった後の、客席の隅。ささやかな打ち上げが行われた。

「乾杯の音頭を取るのは、この男しかいないでしょ。ハウス加賀谷〜！」

「え〜、10年間いろいろありましたが、みんなも、いろいろあったんだろ?」

「偉そうやな。お前には負けるよ」

「まあ、そんな簡単に勝たれても困りますけど」

「やっぱりお前が一番なんか」

「ということで皆さん、今日は、僕だけのためにありがとう!」

「俺も入れろや!」

「乾杯〜」

ライブが続いているかのようなやりとりに、みんなが笑った。

打ち上げには、芸人の仲間以外にも、アートに音楽、デザイナーにプロレスラーなど、様々なジャンルで活躍する友人が参加していた。

後輩芸人たちが、加賀谷とグラスを合わせていた。

「最高でした!」

「涙が出てきました。めちゃめちゃおもしろかったです」

「やっぱ加賀谷さん、すごいですわ」

加賀谷も上機嫌だった。

「当たり前じゃない、僕だよ、僕」

「やっぱ加賀谷さん、天才ですよ!」

「ほんとに?」

「いや、それは」

「いやってなんだよ」

俺も全員とグラスを合わせると、ライブの話題などで盛り上がっていた。

10分か、15分が過ぎた。

「松本さん、ご無沙汰です」

どこかで聞いた落ち着いた声。呼びかけられたほうに顔を向けると、そこには、ある放送局のプロデューサーが立っていた。駆け出しの頃から松本ハウスに目を留めてくれた。仕事も共にした。笑いもしたし、愚痴も一緒に言い合った。世話になった古き良き声だった。

ライブを見てくれただけでもありがたい。なのに、お客さんが多かったため、一度会場を抜け出し、頃合いを見て戻ってきてくれていた。おもしろかったよ。前よりもパワーアップしているね。来て良かったよ。それを伝えたかったのだという。加賀谷に、復帰おめでとうと、直接言いたかったのだという。

俺は、そんなご祝儀の言葉を鵜呑みにしてしまった。また、一緒に仕事ができるかもしれない。芸人として、活躍できる場を得られるかもしれない。昔のようにやっていける。甘い期待が膨らみ、洋々たる未来が頭をよぎった。

「また笑いに来ますね」

古き良き声を会場の外まで見送ると、俺は加賀谷の肩に手を置いた。

「ちょっと間違えたけど、今日は良かったんちゃうか」

「ムチュウでやってました」

「五里霧中やろ」

「違いますよ！」

俺も加賀谷も、あの頃の松本ハウスを、すぐにでもつかめると実感していた。明日、すぐにでも。

ここでドラマが終わりなら、ちょっとしたハッピーエンドだったが、現実はそうやすやすと微笑んでくれなかった。

「よっしゃ、打ち上げ場所変えよか！」

「じゃあ、みんな、僕についてきて！」

会場での打ち上げが終了となり、加賀谷の先導で二次会へと移動した。

再び動き出した、松本ハウスの時計。

その先で、何が待っているかも知らずに、俺も加賀谷も舞い上がっていた。

僕には芸人しかない《翌日》

復活ライブ、翌朝。

加賀谷は、ふぬけになっていた。

満員のお客さんの前で、喝采を浴びていた昨夜の僕。敷きっぱなしの布団の上に転がっている今の僕。間違いなく同じ僕だよな。

ライブが終わった後の、達成感や充足感は消失していた。加賀谷は、自分が幻の中にいたかのような錯覚に陥っていた。

やる気が起こらなかったし、することもなかった。10年間眠っていた松本ハウスという名前。仕事などあるはずがなかった。何もないという間延びした時間、加賀谷は死んだように眠りを貪った。

早朝覚醒。加賀谷に見られる薬の副作用。どれだけ疲れていても、加賀谷の目は4～5時間眠るとパチリと開いた。1日、2日なら対処もできるが、1年中睡眠不足が続けば体はもたない。睡眠の大切さを知る加賀谷は、普段から二度寝をするようにしていた。

一度起きてしまったら軽く運動をし、体を疲れさせる。余計なことを考えずに、睡眠へと向かう術だった。合計で7〜8時間。加賀谷は睡眠時間をトータルで捉え折り合いをつけていた。

だが、このときの眠りは少し違ったようだった。具合は悪くない。症状も強く出ていない。二度寝もし、足りない睡眠を補ってはいたが、寝ても、寝ても、寝ても、起きられなかった。寝ては目覚め、目覚めてはまた寝る。何もしないまま、夕方になっていた。

テレビをつける。ニュース番組の情報コーナー。女性レポーターがおいしそうに肉をほおばっていた。お腹が、空いたな。空腹は感じたが、加賀谷を動かす動機にはならなかった。液晶の画面から流れてくる映像を、ぼうーーーーっと眺める。

力、入らない。

気力、ない。

ぼんやりと考えるのは、ぼんやりとしたこれから先のこと。強い不安は襲ってこなかったが、はっきりとした希望も湧いてこない。加賀谷の思考は、ぼんやりとした時間に、ガボリと呑み込まれていた。

夜、遅く。なんとか立ち上がると、加賀谷は食事を取りに外へ出た。近所にある行きつけの定食屋。鯖の塩焼き定食を注文。黙々と食べた。

食べているとき、なぜか加賀谷は、復活直前のある出来事を思い浮かべていた。Yahoo!知恵袋に投稿された質問。

『ハウス加賀谷が、統合失調症で芸人復帰をしようとしています。できるのでしょうか？』

質問の下にベストアンサーが書かれていた。

『絶対にできません』

むかついた。腹が立った。じゃあ、やってやると、闘志に火がついた。

芸人復帰にあたり主治医に報告すると、やんわりとだが反対された。入院の診断を下した医師にも、はっきりと言われていた。

「加賀谷さんは、一番向いていない職業を選んでしまいましたね」

人前に出て、自らを晒《さら》さなければならない。強いプレッシャーもかかる。バカにされたり、批判されたりすることもある。精神的に負担が大きいことは理解できたが、加賀谷に迷いはなかった。

僕には芸人しかない。僕の行き場はそこにしかない。行き場。生き場。自分が居てもいいところ。自分が居て、しっくりくる場所。芸人は加賀谷にとって、唯一無二とも言える居場所だった。

「そうだ……」

やるべきことが、一つあった。

3日後、俺の家で、ライブの反省会と今後の活動についての打ち合わせがあった。

反省点を挙げておかないと。今後のことも僕なりに思案してみないと。

やるべきことを思い出しはしたが、やる気は湧かなかった。

次の日も、ぼんやりのうちに過ぎていった。

打ち合わせの日、加賀谷は布団から這い出した。行かなければと、なまった体に鞭を打った。Tシャツを着替え、ジーンズを穿き、革ジャンを纏《まと》う。バッグは肩から斜めがけ、左手にGショック、右手にはお気に入りのリストバンド。仕上げに紺色のキャップを深々とかぶり、加賀谷はそそくさと家を出た。

頑張ります！《反省会》

復活ライブが終わっても、その先のスケジュールは真っ白だった。

多少の話題性はあったが、復活したというだけでは一過性のトピックにしかならない。すぐに仕事があるほど簡単な世界でもない。過去は、単なる足跡にすぎなかった。

どこの事務所にも所属しないフリーという立場、使ってもらえる保証がないのは他の芸人も同じだが、どこにどう売り込めばいいのか、どんなオーディションがあるのかさえ知らなかった。

復活直後、コンビでの活動は、自分たちが主催するライブが中心となっていた。

復活ライブ、3日後。

反省会とこれからの展望について、加賀谷と打ち合わせ。

場所は俺の自宅。ネタを作るときも、稽古のときも、コンビの活動におけるほとんどすべての打ち合わせは、俺の家で行われた。

繁華な喧騒から逃れるよう、電車で揺られること十数分。各駅停車しか停まらない閑静な駅。静かといえば聞こえはいいが、地味という表現がピタリとくる。

駅にエスカレーターはなく、改札を出てすぐの、左手に見える階段を上がる。上がったところで左に折れ、真っ直ぐ2分ほど進むと、大きな街道に突き当たる。その左角、白いタイル張りのマンション。8階建ての8階に、俺の住まいはあった。

築20年はたっているため作りは古かったが、築年数のわりに傷みはなく、外観はきれいに清掃、補修がされていた。

家の間取りは2DK。街道側に面した玄関を入ると、目の前にダイニングキッチンへとつながる白いドアがあった。その先に六畳の部屋があり、南向きに大きな窓。窓の向こうはベランダで、街を一望できる景色が広がっていた。

玄関を上がった右側には、のっぺりとしたクリーム色のドアがあった。一見しただけで狭いと分かる小さな洋室。

そこが俺と加賀谷の稽古場、『四畳半の稽古場』だった。

わずか四畳半、ただでさえ狭い空間に、本棚、クローゼット、高さ2メートル・幅120センチの大きな鏡、その他、普段あまり使わない物が、所狭しと置かれていた。

それだけでも目いっぱいの部屋は、大人二人が入ると、動くスペースを見つけるのもやっとだった。

「すいません、遅くなりました」

待ち合わせの午後5時から1分が過ぎていた。たったそれだけ。俺はまったく気にしていなかったが、加賀谷はしきりに遅刻を詫びていた。

「まあ、上がれ上がれ」

俺は加賀谷を、玄関からそのまま四畳半へとうながした。

「んじゃ、ちょっとやるわ」

キッチンで夕食の準備をしていた嫁に声をかける。俺は人前では、妻のことを『嫁』と呼んでいる。芸人特有と言えばそうかもしれないが、『妻』『女房』というのが、なんだか気恥ずかしいのだ。

「遅くならないようにね」

嫁の返事を聞き、俺も四畳半に入る。

バタリとドアを閉めると、パソコンを床にどんと据え置く。あぐらをかき、背中を丸めてカタカタカタとキーボードを打つ。文にならないような、一瞬の思いつきも書き留めようと、A4サイズのコピー用紙とペンも用意する。俺が座る斜め右後ろに、加賀谷があぐらをかく。いつものネタ作りのスタイルだった。

「ま、今日はネタ作るわけちゃうけど、」

「はい」

俺はパソコンに背を向けると、加賀谷に聞いた。

「どうや、しっかり休めたんか？」

「そうですねえ、ずっと、ほうけてました」

反動が出ていないほうがおかしかった。10年間ため込んでいたエネルギーを、復活ライブですべて吐き出した後だ。加賀谷は、持てる以上の力を発揮していた。

「久々にお客さんの前でやってみてどうやった？」

「緊張しましたね」

「汗、ダラダラかいてたもんな」

「でもなんか、やりきれたという実感はありました」

極度の緊張と、笑いを取らなければならないというプレッシャー。それこそ一心不乱に、加賀谷は最後まで舞台に立っていた。

「ダメ出しやけど、」

「なんでも言って下さい」

ダメ出しとは、良くなかった点を指摘すること。何がいけなかったのかを知ることで、今後の向上へと結びつける。加賀谷は、手帳を開きペンを構えた。

「反省点は、ないよ」

「へ？」

「だから、ないって」

反省に勝る手応えがあった。細かい指摘は今の加賀谷に必要ない。今後はさらに良くなっていくと、俺は楽観的に捉えていた。

拍子抜けしたのか、無防備な安堵を覗かせる加賀谷だったが、どこか腹の据わりが悪いようにも見えた。

加賀谷は、どれくらい『できていない』のかも分からなかったが、どれくらい『できている』のかも判断がついていなかった。

自分では、何もできていないような気がして。心配する加賀谷を、俺は、そのうちできるようになると励ました。後は慣れだけだ。慣れればまた以前のようにやれる。そのためには、場数を踏むことだった。

ライブを増やしていこう。年末にもう1本、来年の早い時期にネタだけのライブもやろう。俺の提案に、加賀谷も大きくうなずいていた。

コンビを組んだ頃は、バカみたいにライブに出ていた。多数の芸人が出演するお笑いライブ。月に12、13本のペース。出演できそうなライブは、大小問わず出まくっていた。

そこまでの本数は不可能だとしても、気持ちは若手の頃に戻っていた。舞台は芸人にとっての礎《いしずえ》。ゼロからの出直しの場として、ライブはうってつけだった。

症状に関して、加賀谷は何も語らなかった。俺も聞かなかった。大きく崩れている様子はない。加賀谷本人が話さない限り、余計な詮索は無用だった。

「ま、なんかあったら、その都度言うてくれ」

「はい、なんにもないです」

まさに、なんにもなかった。どこからも、誰からも、出演の依頼は入ってこない。反省するより、今後の活動のほうがよっぽど問題だった。

「どうする、このまま仕事がなんにも入らなくて、自動的に引退になったら?」

「それ、最高におもしろいですね。復活ライブだけやって引退って。そうしましょうよ!」

「アホか!」

希望しか見ていなかった。見えていなかった。今の力量を直視することが、すっぽりと抜け落ちていた。

「とにかく、多くのお客さんに見てもらわんとな」

「頑張ります!」

「ちょっとでも注目されてる間に、『やっぱおもしろい』って言われるようにな」

「はい、頑張ります!」

何かにつけて加賀谷は、「頑張ります!」と力んでいた。他に妥当な言葉がなかったのだろうが、「頑張ります!」と言うとき、加賀谷の眉間には皺が寄っていた。

打ち合わせは30分ほどで終了した。反省はほとんどなし。内容は、電話やメールでも済むようなものだったが、俺も加賀谷も、直接会って話すことを望んでいた。

再始動したはいいが、活動する場がない。コンビとしての時間が少なければ、必ずモチベーションは下がっていく。なんでもいいから顔を合わせ、やる気を確認することも必要だった。浅はかなことだったが、何かをしているという実感も演出したかった。

「ちょっと、一服するか」

今では吸わなくなったが、この頃はまだ俺も喫煙者だった。俺は加賀谷とベランダに出るとタバコに火をつけた。加賀谷も自分のタバコに火をつける。

「ここはほんま、眺めがええんよな」

「景色だけはいいですよね」

「『景色だけ』って、どういうことやねん」

「あ、いえいえ、ごほっゴッホ……」

加賀谷は煙を吐いて咳き込んだ。


夕焼け空の赤が、みるみるうちに黒へと変じてゆく。

夜の始まり。

透き通るような黒い空に、星がポツンと弱い光を放っていた。

地表のすべては影。

民家や、マンションや、学校や何かしらの建造物、一切がシルエットとなり、夜の入り口に浮かんでいた。

俺は、咥《くわ》えていたタバコを離し、煙を吐き出した。

「あそこに、でっかい山みたいな影が見えるやろ」

西の空に、巨大な山のシルエットが張り付いていた。

「あれ、山なんですか」

「あれ、富士山や」

「うわぁ、でかいですね」

「晴れた日の早朝やったら、もっときれいに富士山が見えるんよ」

「ぼ、僕と夜明けのコーヒーを、ってことですか？」

「ちゃうわ！」

ベランダは、よりリラックスして話せる空間だった。

「富士山はええよ、力がある」

「なんか、パワーがありますよね」

「頼むからさ、あの富士山を、『ちっちぇえ山だな』って言えるくらいの、でかい男になってくれよ」

「頑張ります！」

「また『頑張ります』かよ」

一本吸い終わり、部屋の中へと戻る。

「んじゃ、ちょっと早いけど飯にするか」

「ありがとうございます」

稽古が終わるといつも、俺の家で、加賀谷も一緒に夕食を食べていた。俺の家族、嫁と長女と一緒に、四人でテーブルを囲み、嫁が作った料理をつっついた。

「今日は唐揚げにしてみたけど、口に合うかな」

嫁が加賀谷に唐揚げを勧める。

「めちゃくちゃおいしいです！」

「まだ食べてないやろお前」

「いえ、前にも食べたことがあったんで、おいしいです」

嫁を持ち上げるわけではないが、お世辞抜きにおいしかった。

「でも、すごいね、この唐揚げの量は」

「いっぱい、作りすぎたかな」

テーブルの上の大皿には、お店でも始めるのかというくらいの唐揚げが、山のように盛られていた。嫁も、俺たちの再出発を応援してくれていた。

「あったかいうちに食え、食え」

「いただきます！」

加賀谷は嬉しそうに、一つ目の唐揚げに箸を伸ばした。

遅発性ジスキネジア。

入院中に現れた薬の副作用。抗精神病薬の総服用量に関連し、舌や顎などが自分の意志に従わず不随意に動いてしまう。加賀谷は、言うことを聞かない自分の舌に悩まされ、食事もうまく取れない時期があった。

楽しいはずだった入院時の一時外泊、両親に連れられ入ったレストランでも、舌が勝手にレロレロと暴れ出した。カレーライスを食べようとスプーンですくったが、口に入れることもできず、そのままの姿勢で30分も固まってしまった。悔しい、哀しい、涙がボタボタと滴《したた》り、テーブルを濡らしていた。

復活当初はまだ遅発性ジスキネジアのなごりがあり、食事を取るのも不便そうだった。

しかめっ面、顔を斜めに倒しながら口を開けると、加賀谷は素早く唐揚げを口の中へと放り込んだ。口を閉じ、入った唐揚げを、さらに顔を傾け奥に追いやる。口は閉じたまま、顎を開くと、上の奥歯と、下の奥歯の間に唐揚げがスポッと嵌《はま》る。その瞬間を逃さず、嚙み砕く。油で揚げた鶏肉を、嚙み砕く。

『ガクン、ガクン』と、奥歯で押しつぶすと、顎が『カコン、カコン』と音を立てた。

「食べづらそうやな」

「流れるようじゃないですか」

「どこがやねん」

「だいぶ、良くはなったんですけどね」

面倒な食べ方を強いられていたが、加賀谷にとっては慣れたものだった。食べる速度は遅くはない。むしろ、速かった。

次から次へと、加賀谷の箸が唐揚げへと伸びていく。

「ほんとおいしいですね、この唐揚げ」

ばくばく、ガクンガクン、カコンカコン、ごっくん！

食べづらいが、おいしそうに食べる加賀谷は幸せそうに見えた。

「お腹空いてたんだね」

娘にご飯を食べさせながら、嫁も笑っていた。

流れ作業のように、加賀谷の体内に消えてゆく唐揚げたち。一つ、また一つ、松本家では考えられないスピードで唐揚げが減っていく。

おいおいおい、まさかなくなるなんてことはないよな。止まらない唐揚げ消費速度に憂慮が芽生える。いくらなんでも、な。
しかし、そのまさかはすぐにやってきた。
唐揚げがなくなるまで後、5つ。
ばくばく、ガクンガクン、カコンカコン、ごっくん！
4つ。
ガクンガクン、カコンカコン、ごっくん！
3つ。
カコンカコン、ごっくん！
2つ。
カコンごっくん！
1つ。
ごっくん！
「ごちそうさまでした！」
最後の唐揚げをモグモグさせながら、加賀谷は満面の笑みで箸を置いた。
空っぽになった大皿。空っぽな、俺と嫁と長女の小皿。
「げえぇっプ！」

唖然とする松本家の前で、幸せのクライマックス、ゲップ。

俺の視線を感じた加賀谷が、慌てて謝った。

「あ、すいません、ゲップ出ちゃいました」

「それはええけど」

「えっ？」

「お前、子供の唐揚げも全部食べてしもたんか」

「あああっ!!　すいません！　おいしかったんでつい。すいません！」

「しゃ、しゃあないなあ……」

怒りはしなかったが、松本家は、みんな顔が引きつっていた。娘は泣き出しそうになりながら、白いご飯だけを黙々と食べていた。

その夜、加賀谷が帰ってから、嫁が俺にぽつりと漏らした。

「明日のお昼の分もあると思ったんだけど」

「唐揚げ？」

「うちの家計、加賀谷さんに全部食いつぶされるよ」

「ごめん……」

なぜか俺が謝っていた。

辞めさせられるかもしれないです《ゲスト出演》

1週間後、次のライブに向けての打ち合わせ。夜、10月も半ば過ぎだというのに、夏が戻ってきたように蒸し暑い。

「はいよ」

俺は、来月のライブのチラシを加賀谷に差し出した。

トークライブ『ソレガシ』、11月21日(土)、夜7時30分開演。

復活ライブの番外編。松本ハウスの笑いを、もう一歩踏み込んで楽しんでもらおうと、復活前から予定していたライブだった。

場所は、新宿のネイキッドロフト。復活ライブを開催したロフトプラスワンと、同じ系列のトーク・ライブハウス。キャパは一回り小さくなり、80人も入れば満員となった。

「内容は、復活ライブの検証と、こぼれ話や裏話かな。あと、周りの反響とかも」

「反響ですか……」

「例えば親とかはどうや?」

「いや、ダメです。芸人に復帰したことなんて、許してくれませんよ」

加賀谷の両親は、芸人への復帰を望んではいなかった。当たり前と言えば当たり前のこと。息子のことを思えば、統合失調症が悪化した仕事に戻すなど、できる相談ではなかった。反対されることを恐れ、加賀谷は両親には内緒で活動再開に踏みきっていた。

「やっぱ、両親に言うのは厳しいんか」

「辞めさせられるかもしれないです」

「でも、いずれは話さなあかんやろ。俺も、挨拶はしときたいし」

「そうですね。すぐは難しいですけど……、折を見て話してみます」

両親の話題になると、加賀谷のトーンは必ずと言っていいほど暗くなった。

自分の道を歩みたい息子。病気ゆえ、心配に心配を重ねる親。感謝はしているが、その反面、自由にできないという歯がゆさがあった。お互いの心が嚙み合うには、もう少し時間が必要だった。

「今後やけど、いろんなお笑いライブにも出ていこうと思うんよ」

「僕も賛成です」

加賀谷に異論はなかった。

「ネタも、早め、早めに練習していくかな」

「頑張ります！」

「んじゃ、ネタ作りを頑張ってもらおうかな」

「え、ちょっと、前言撤回していいですか？」

「もう撤回かよ！」

いくつかあった新聞や雑誌の取材も、先々の仕事には直結しなかった。仕事用に取得していたメールアドレス。受信フォルダー内のメール件数は一向に増えない。それらしき企画や問い合わせすらなかったが、不思議と俺には不安もなかった。今、松本ハウスとして活動している。活動はまだまだ限定的だが、松本ハウスが存在しているということに意味があった。

大学を中退した後、何をしていいのか、自分がどうなるのか分からず、眠れない夜を過ごしていた。あのとき、俺はぐちゃぐちゃになりながらも、見えない先のことを考えた。考え、考え、考えた。出た答えは、単純で明快なものだった。

なんとかなる。

何がどうなるかなど、誰にも分からない。何をどうするかは、誰かが決めるものではない。それなら、行動するだけだ。自分の思うように動くだけだ。浮上することもあれば、撃沈することもある。ただ、行動していれば、いずれ何かにはなる。何にもならないことなど、ないのだから。

同じところに立っていては、景色は変わらない。景色が変われば、見えるものも違ってくる。これまでも、そうであったように。未来はつかめていなかったが、目の前に設定した目標に向かい、進むことはできていた。

数日後、スケジュール帳に、初めて予定が入った。

11月20日（金）　レンコン寄席

お笑いライブへのゲスト出演。声をかけてくれたのは、リッキーさんだった。

リッキーさんは、復活ライブに足を運んでくれた先輩、ぶっちゃあさんの相方。復活ライブには都合が合わなかったが、『ブッチャーブラザーズ』として、コンビでお祝いの花を出してくれていた。

そのお礼を伝えようと連絡を入れたのが、出演のきっかけとなった。

加賀谷に報告の電話を入れる。

「ライブの誘いがあったわ。リッキーさんとこのライブ」

「ありがたいですね」

復帰後初めて、自分たちの主催でないお笑いライブに出演する。現役で活動している芸人に交じり、どこまでできるのか。現状を計る上でもいい機会だった。

気にかかるところもあった。日程が、自分たちのトークライブの前日だった。

「トークライブの前の日やけど大丈夫か？」

「全然、大丈夫です。やります！」

「OK！　んじゃ、リッキーさんに『出演します』って、返事入れとくわ」

通常なら問題のない日程だったが、病気のこともある。疲れやすいという症状もある。心配しすぎるわけではないが、加賀谷の意志も確認しておきたかった。

11月に入り、もう一つ、出演できるライブが決まった。

『オアシズ・トークライブ』

光浦靖子と大久保佳代子。女芸人として様々なメディアで活躍する二人は、昔からの芸人仲間だった。

コンビが復活したことを報せるために、俺は光浦に電話をかけた。

「久しぶりやな」

「あ、キックさん、お久しぶりです」

テレビでもおなじみの、特徴のある声が電話から聞こえてくる。

「忙しそうやな」

「いや、そうでもないですよ」

「そんなことないやろ」

「キックさんは元気でした？」

「ま、普通やな」

「変わんないですね」

「お前もな」

変わらないやりとりにホッとする。光浦は、芸歴では後輩にあたるが、あまり後輩という意識をしたことはなかった。気の合うやつといったところだろうか。お互いが忙しくなった後、あまり連絡は取らなくなってしまったが、昔は毎日というほど一緒に遊んでいた。

「そうだキックさん、コンビ、復活したんですよね」

「そうやねん。よう知ってんな」

「じゅんくんは元気ですか？」

光浦は加賀谷のことを、本名で『じゅんくん』と呼んでいた。

「元気、元気。ちょっと老けたけどな」

「ははは、ダメだに。じゅんくんは老けちゃいけないだに。私の中では、永遠の18歳なんですから。お肌つるつるのじゅんくんじゃないとダメだに」

光浦の、加賀谷に対するスタンスも変わっていなかった。

「じゅんくんに会いたいな」

「あいつも喜ぶと思うよ」

「そうだキックさん。今、うちらね、隔月で、トークライブやっとるんですよ。ゲストとして出て下さいよ」

「ほんまか。おぅ、出る出る」

俺は、光浦が大久保と二人で、トークライブをやっていることを知っていた。松本ハウスの次のライブと会場が同じだった。

ゲストで出してくれと、こちらから言うタイミングを探っていたが、それを見越した上で、光浦はさりげなく切り出してくれたのだろう。

昔からそう。俺や加賀谷が困っていると、何にも言わず手を貸してくれた。若手でろくに飯も食えない時期、「簡単ですみません」と言いながら、俺たちに手料理を振る舞ってくれたこともあった。

「今、出れるライブを探しててな」

「うちらもゲスト探してるんでちょうどいいですよ」

何気ない返しにも、光浦の優しい気づかいが込められていた。

「また、ライブからやってるんよ」

「まあ、いいじゃないですか」

「そうやな。ありがとう。大久保にもよろしく言っといてくれ」

昔の仲間に甘える形で、ライブ出演が決定した。

立てる舞台は多いほうがいい。電話を切った俺の口から、自然と言葉が漏れていた。

「ありがたい」

長くかかるかもな《不具合》

11月初旬。夜、真冬がやってきたかのよう、冷たい雨に凍える。

トークライブの打ち合わせと、ネタの稽古のために集まる。場所はいつも通り俺の家、四畳半の稽古場。

5分ほど、無駄話で笑った後、俺はパソコンを立ち上げネタのファイルを開いた。まずは復活ライブでやった新ネタの手直しから。それを伝えると、加賀谷はがさごそとバッグの中を漁り出した。言っていないのに台本を持ってきているとは。俺は、加賀谷のやる気に感心していた。

「ありました！」

満面の笑みを浮かべ、台本を取り出す加賀谷。右手に握り締めていたのは、グシャグシャになった紙の残骸だった。

「あ、こ、これは、読み込んだんです！」

準備をして持ってきていたのではなく、ずっとバッグの底に眠っていただけだった。

どちらにせよ、その台本はもう必要なかった。事前に手直しした新しい台本を、俺はすでに用意してあった。

それなのに、焦る加賀谷は、もういらないという俺の言葉を聞かず、紙についた皺を伸ばし出した。手のひらをアイロンに見立て、台本に押し当てる。胸元から離れるように、ゆっくりと前方に力を加える。ゆっくり、ゆっくり。

スピードはゆっくりだったが、加える力が強かった。

ビリビリビリビリリ……

台本の断末魔。台本は見るも無残に引き裂かれてしまった。

コントを地で行く加賀谷を、俺は笑っていた。が、笑っていられたのは、ここまでだった。

久々のネタ合わせ。俺は、新たにプリントアウトした三枚の台本を加賀谷に手渡した。

座ったまま、二度ほど、声に出して台本を読む。力を入れずに、どこがどう変更になったかを確認する。馴染んだところで、立ち稽古。台本を片手に、気持ちを乗せて合わせてみた。

「エコという言葉が根付いてきましたけどね」

話を進めるのはツッコミである俺の役どころ。

「エコのやつら、いろんなところに、はびこってきましたよねえ」

ボケは、言わずと知れた加賀谷のパート。

「悪いことじゃないからね」

「でも僕って、ゴミの分別には、けっこう厳しいんですよ」

「そういう身近なエコって大事だよな」

「おいおいおいおいおい、そこの若いお姉さん！」

「どうしたんや急に？」

「今、お姉さんが出したこの燃えるゴミの袋、ビールの缶が交じってるじゃないか！」

「注意をしてるんや」

「この口紅がついたビールの缶、これ、もらってもいいかな？」

「ストーカーかよ。別の問題が発生してるよ」

「僕の場合はちゃんと、相手に承諾を得てからもらうんであって、ストーカーと一緒にされるのは」

「どうでもええよ！　省エネやないけど、こういう会話の無駄を省いてくれ」

「よ！　省エコ！」

「エコ省いてるやないか」

「じゃあ、キックさんは、何かエコなことしてます？」

「ペットボトルのリサイクルとかね。ボトルとキャップに分けて、ラベルも全部剝がしてるよ」

「全部、剝がす……剝がすという行為は、女体に対する激しい欲望の表れで」

「リサイクルやろ」

「おぉ、ええ女やあ～。（横たわる女体をなでるようなしぐさ）この白い柔肌がたまらんのや。ワイの名前を覚えとけよ。ワイは、キックや」

「俺かよそれ！」

「深夜12時には、普通の男の子に戻っちゃうんですけどね」

「シンデレラかよ」

「お嬢さん、」（片膝をつく）

「え、もしかして王子さま？」

「お城の舞踏会で落としていきましたよね。この、コンバース」

「ガラスの靴ちゃうんかよ。なんでシンデレラがコンバース履いてんねん」

「さ、早く乗って、乗って。ハッ！　パカラパカラ、ハッ！　パカラパカラ、ハッ！」

(馬車の上で、手綱を引くようなしぐさ)

「今度は何？　かぼちゃの馬車？」

「ハッーァァ、イブリッドカー」(ハンドルを持って運転をするしぐさ)

「車かよ、パカラ、パカラ言うてたんはなんやったんや」

「カチ、カチ、カチ」(ウィンカーを出しハンドルを切る↓横を向き、こっそり逃げようとする)

「逃げていくな。だいたい、お前、免許持ってないやろ」

「それは、正規のルートのってことですよね」

「偽造は持ってんのかよ」

「偽造じゃないですよ、失礼な。ちゃんと、牛乳パックで作ったんですから」

「手作りかよ」

「リサイクルですよ」

ここまで合わせたところで、俺はネタを中断した。

「ま、こんな感じやな。後は、直した台本を覚えてからにしよか」

何事もないように言っていたが、俺は、加賀谷とのセリフ合わせに、違和感を抱いていた。

とは言え、ネタは直したばかり、スムーズに運ばないこともある。俺は違和感を棚上げにすると、稽古を早々に切り上げた。

「んじゃ、一服するか」

「あ、タバコ切らしてるんで、一本もらってもいいですか」

「俺の軽いけどええか」

「あ、まずくても大丈夫です」

「まずいってどういうことやねん」

不具合が、足元に絡みついていることに、俺も加賀谷も気づいていなかった。

冷たい雨は、激しさを増し降り続いていた。

雨粒がベランダの手すりではじけ、しぶきとなってまとわりつく。

建物も、道路も人も、見えるはずのものすべてが、真っ白に閉ざされていた。


4日後、夜。漫才の稽古。

抱いていた違和感が、噴出した。

「もうちょっと、セリフに感情を乗っけられるかな」

「あ……はい」

加賀谷が発するセリフには、感情がこもっていなかった。普段の会話では、そこまで気にならなかったが、セリフとなると勝手が違った。

平坦にして、一本調子。抑揚がなく、ロボットのような棒読みに聞こえる。ただ、言葉を発しているだけ。セリフを置いているだけ。

あえて、感情を表に出さない『感情を殺す』という表現とはまったく違う。加賀谷には、感情を表す力が欠落していた。

お笑い芸人とは、あらゆる感情をデフォルメし、笑いに変える職業。

辛い、苦しい、哀しい、痛い、怖い、寂しい。嬉しい、楽しい、おもしろい、麗しい、愛しい。喜怒哀楽を、顔の表情や体の動き、ちょっとしたしぐさに乗せ、観客へと提示する。提示を受けた観客は、優越感や共感、時には劣等感から恥じらいを覚え、笑いという感情を掻き立てられる。

それらのすべては観客に悟られることなく、確信的に提示されなくてはならない。

できなかった。

信じられる確かなものが、加賀谷の中には存在しなかった。

復帰直後の加賀谷は、統合失調症の陰性症状にも悩まされていた。

感情表現が平坦になっていることに加え、疲れやすく、集中力も持続できなかった。認知機能に障害もあり、記憶力の低下も著しかった。台本を覚える作業が、加賀谷にとっては高いハードルとなっていた。

「なかなか、セリフが覚えられなくて」

1か月かかっても、覚えられるか、覚えられないか。覚えたと安心しても、寝て起きれば忘れてしまう。はなっから、頭に入ってこなかった。

思い出そうと、ネタ中に目をつぶることもあった。

脳みそを引っ掻き回し、記憶した言葉を探し回るが、どこにしまったのか見つからない。両目を閉ざし、苦悶の表情を浮かべながらボケる加賀谷は異様だった。

「ボケる前に、変な間が空くんだよな」

「間、ですか」

しゃべり出す前に、空白もできていた。

俺のセリフ終わりから、一間遅れて加賀谷のセリフが入ってくる。秒数にして、コンマ2秒、3秒といった遅れだが、聞いている側にしてみれば、『妙な間』と感じてしまう。

「次の言葉を思い出しても、不安なんですよね」

うっかりしていたら、思い出したセリフがどこかへ逃げていってしまいそうだった。加賀谷が頼りにしていたのは、信用のできない記憶だった。

「だからか。俺のセリフを全然聞いてへんのは」

「聞いてはいるんですけど」

聞いてはいたが、自然な会話として演じられていなかった。

「キックさんが言い終わると、『来た、今だ、僕の順番だ』と思って、しゃべるんです」

俺のセリフはあくまで、自分のセリフを発するためのシグナル。『僕の順番だ』と思う瞬間こそ、『妙な間』の正体だった。

漫才やコントにおいて、テンポや間は基本中の基本。加賀谷のセリフはノッキングを起こし、テンポ、間、共に悪くなっていた。

改善は、見られなかった。何回も説明をした。できないところをじっくりと丁寧に練習した。説明や反復では、解消しなかった。

俺は改めて、加賀谷ができなくなっていることを思い知らされた。

コンビが復活すれば、あの頃のように漫才やコントができると思っていた。加賀谷とのやりとりは、何年たっても消えることのない楽しい記憶だった。

以前の加賀谷は、俺の書いた台本を超えてくる瞬間があった。セリフを覚え自らの中で消化し、ボケとして客席に提示する。そこまでは普通のことだが、俺がイメージしていた以上の表現をすることがあった。

セリフのニュアンスや体の動き、特に、行間に挟み込んでくる言葉は秀逸だった。加賀谷の仕掛けに、それならこうだと俺も応じる。松本ハウスの本当の笑いは、そこからだった。観客はいるが、自分たちが誰よりも楽しんだ。

それが、叶わなかった。

兆しすら見えない。とっかかりもないのかと、気持ちが逸《はや》った。

逸るな、冷静になれ。俺が焦ってどうする。加賀谷のもどかしさも、痛いほど伝わってきた。一番苦しんでいるのは、俺の相方である加賀谷に違いなかった。

今、やれることをやっていくしかない。今、できることをやっていけばいい。

結果を求められる職業。結果しか求められない職業。それが芸人という仕事だが、結果を今すぐに求めてはいけない。焦れば道は遠くなるだけだ。一歩引け、一歩。進むために一歩引け。

行き止まりとなってしまった迷路、俺は、一歩どころか、振り出しに戻ることにした。

「まあ、徐々にやっていくかな」

「もう一度、ネタを合わせますか？」

加賀谷の内から投げ出された重たいボール。俺は軽いボールにすり替え、ふわりと投げ返した。

「アホ、一服や」

「えっ、あ」

「『徐々に』って言うたやろ」

ベランダで風に当たるだけでも良かった。詰まったときは、早めに気分を変える。詰まった空気を吸い続けることはしたくなかった。

長くかかるかもな。

煙を吐いた先に、月が出ていた。少しだけ丸い月が、まばゆかった。

あの頃だったら、できていたのに　**《ズレ》**

復帰後初めて出演したお笑いライブは、笑いは取れたものの、加賀谷が間違えた箇所をハプニングとして処理した笑いだった。お世辞にも、褒められたものではなかった。

本番前の楽屋で、加賀谷は悪い妄想に嵌っていた。

「加賀谷はつまんないんだよ」

「何しに、戻ってきたんだよ」

「邪魔なんだよ、おもしろくないのに」

他の芸人が、自分のことをバカにしている。みんなが、僕を蔑《さげす》んでいる。僕を笑っている。

幻聴として聞こえてはいないが、膨らんだ妄想は、加賀谷から冷静さを奪い去っていった。

不安になり頓服薬を飲んだが、落ち着かなかった。緊張やソワソワも収まらなかったが、
医師から指定された容量を、オーバーして飲むことはしなかった。

日常的に服用する薬も同じだった。加賀谷は、薬の量を自分で調節してしまったがゆえに、
統合失調症の症状が悪化したと認識していた。

入院の判断を下した医師に言われた一言。その一言が、加賀谷に自覚をもたらしていた。

「加賀谷さんは、薬を勝手に止めて症状が悪化した典型的な例ですね」

「典型的……」

「薬をちゃんと飲まなかったということは、加賀谷さん」

「はい、」

「あなた自身で、あなたの病気を悪化させたということですよ」

心がえぐられた。

僕は、自分で自分を、崖から突き落としてしまったんだ。薬をちゃんと飲んでいれば、お笑いから離れずに済んだんだ。

悔やんでも、悔やみきれなかった。

それから加賀谷は、主治医の指示に従い、正しく薬を服用するようになっていった。

翌日のトークライブでも、加賀谷は空転した。

言葉の誤りから崩れ出す。自分でフォローをしようと言葉を重ねたが、話はまとまらず、ボケともつかぬ意味不明な言動となってしまった。引いていく客席。

俺はしゃべりながらも、視線の端に加賀谷を入れた。と、苦しみもがく顔がそこにあった。

『僕はダメだ……』

左目をつぶり首をかしげる。自分を責めるあまり、舞台に立っていることも忘れ、うつむき暗然としていた。

芸人は、常に演者でなければならない。うけなかったとき、外したとき、追い込まれて苦しんでいるとき、痛かったり、怖かったりしたときもすべて、演技として見せなければいけない。素で苦しんでいるときも、素になっているという芝居でなければならない。演じているからこそ、観客は安心して笑うことができる。

加賀谷の苦しみはリアルでしかなかった。舞台上でさらけ出す沈んだ姿。

落胆と心配。加賀谷が客席から得たものは、笑いとは遠く離れたものだった。


後日、四畳半の稽古場。夜。トークライブのダメ出し。

「先に一服するか」

荷物を下ろしたばかりの加賀谷を、俺は早々にベランダへと連れ出した。

「なんやかや忙しくて、全然、一服できてなくてな」

「僕も急いで来たんで、ちょうど良かったです」

ベランダの窓を開けると、冷たい風が吹きつけてきた。

「さっむ」

「冷えますね、今日は」

夜の空が、一段と深い黒を描いていた。

タバコの先端が熱を持ち、黒い背景に、わずかばかりの明かりを添える。

ベランダの下には、家々に灯るオレンジ色の明かり。

切れ間なく、連なっていた。

「やっぱすごいよな」

「何がですか」

「こんなにいっぱいの人が住んでるんやもんな」

「ほんとですよね」

「その数だけ、人生があるんよな」

「……そうですね」

このとき加賀谷は、何を思ったのだろう。自分の歩んできた道を振り返っていたのか、これからの道のりを案じていたのか。加賀谷は黙って、ベランダの下に広がる明かりを見つめていた。

「寒いから入るか」

タバコをもみ消すと、ベランダから逃げ出すように部屋へと戻った。

再び、四畳半の稽古場。

「こないだのライブのダメ出しから始めるかな」

「お願いします」

芸人である以上、病気は言い訳にならない。コンビを組んだ二十数年前からそれは同じ。

下手な気づかいはなし。あくまで、一人の芸人に対するダメ出しだった。

トークが走っていたことを指摘すると、加賀谷も状況把握はできていたようだった。うけない、なんとかしないと、笑わせないと。焦りが焦りを呼び、その場でのコントロールや修正が不能となっていた。

少しでも話の間が空くと、客席から「つまらない」という声が聞こえてくるようだった。計算もなく、矢継ぎ早に言葉を繰り出す。何の話か理解ができない観客との間に、溝は深まるばかりだった。

ライブ中、落ち着いて話すようにと、俺は心持ちゆっくりとしゃべった。振りを大きくしたり、アイコンタクトで訴えかけたりもした。気づくかと思ったが、加賀谷にそんな余裕はなかった。

「僕のトークって、ちゃんと伝わってますかね」

加賀谷は、自信を失っていた。１か月前、復活ライブで見せた、歓喜に震える姿はどこにもなかった。

「うけなかったとき、一人で沈んでいくやろ。これの一番あかんとこはどこやと思う？」

「沈んでしまうことですか」

「一人でってとこや」

「あっ……」

「一人でやってるわけちゃう。俺でもええし、お客さんにでもええ。助けてもらえるときは、助けてもらったらええんよ」

弱いところを人に見せたくない。知り合った17歳の頃から、加賀谷は変わっていなかった。ちっぽけなプライドを大事に抱え、人より優れていることにこだわってきた。弱いところなど、とっくに露呈してしまっていたというのに。

できないことがある。それ自体が問題ではなかった。問題なのは、過去の自分にすがって

しまうこと。

回復への支えでもあった芸人という生き方。芸人に戻りさえすればなんとでもなる。加賀

谷の中でいつしか、『自分はなんでもできる天才芸人だ』と、思考が膨らんでいた。

それが、粉々に打ち砕かれた。

いざ舞台に立ってみると、できないことだらけ。ミスをすると焦ってしまう。混迷すると、

いつも同じ言葉が頭に浮かんだ。

『あの頃だったら、できていたのに』

加賀谷は、過去の自分を取り戻すことに執着していた。過去の自分と比べ、うまくやれな

い今の自分を受け入れることができなかった。過去の自分は、絶対的な『善』となり、今の自分は絶対的な『悪』となっていた。

「昔は昔、今は今や。できないことは『できない』でええんよ」

それまでも言ってきたので、加賀谷も分かってはいた。分かってはいたが、入院前の自分を捨て去ることができなかった。

「どうしても『昔だったら……』って思ってしまうんですよね」

「なかなか抜け出せんよなあ」

「負の連鎖ですね」

「おぉ、難しい言葉知ってるやん、かしこいやん、君〜」

空気が詰まるのは嫌いだった。

「すいません。僕がかしこくて」

「アホやろ」

和ませつつ話はするが、指摘は加賀谷にとって、辛い現実だった。

俺は頭の中で、加賀谷という芸人の、その時点における限界を探っていた。悪い意味ではなく、癖のようなものだった。

20代の頃から、後輩のネタを見て指導してきた。何人もの芸人を教えてきた。売れた者もいれば、未だに足掻いている者もいる。後者がほとんどだが、芸の世界ではよくあること。世間的な成功がついてくればもっけの幸い。ついてこなくても、自分という山の頂に向けて登ることはできる。

人はそれぞれ違う。悪いところは悪いとダメ出しするが、伸ばすべき点を見つけ、どう伸ばすかを最優先に考えた。本人にとって、今できることのベストは何かと。

加賀谷に対しても同じだった。今の加賀谷の何を伸ばすのか。まずは良い点を探し出す作業だった。

「誰にでも弱点はあるよ」

「弱点、ですか」

「そう。でも、その弱点を弱点のまま人前で見せなくてええんよ。できることで笑いを取って、できないことは練習したらええ。できるようになったらラッキーやし、できなかったら捨てたらええ。方法は他にもあるし、捨てることは悪いことちゃうよ」

「そうですね」

自分がふがいないせいで、俺に余計な心配をかけてしまっている、申し訳ないと、ここでも加賀谷は自分を責めていた。

「できてないところはできてないところで、どうしていくかやな」

「頑張ります」

「何を？」

「えっと……」

「ええんちゃう。ここっていうときだけ頑張れば。ずっと頑張ってたら疲れるよ」

イメージする自分と、等身大の自分。二つの自分の間に生じる大きなズレ。隔たりを埋めようと、もがけばもがくほど、ズレは大きく、広がっていった。

「僕はできたんだ。今の僕は本当の僕じゃないんだ」

悲痛な叫びは、加賀谷自身の枷《かせ》となっていた。

この日は、いくつもダメ出しがあったが、口頭で伝えるだけで稽古はしなかった。

時間を費やしたくない。時間の重みが加賀谷にのしかかってしまう。後はやりながらだ。

やってみないことには、何かを知ることもできない。

「一本いくか」

「いきます」

ベランダに出て、ふ〜っと煙を吐く。加賀谷も一呼吸置いたところで、俺は次の目標を切り出した。

「単独ライブ、日程が確定したわ」

「決まりましたか！」

「来年の3月18日、木曜日の夜や」

復活後、初めて臨む、ネタだけで構成されたお笑いライブ。出演者は自分たちのみで、ゲストはなし。

復帰後、半年たったらネタだけのライブをやろう。復活に際し、おおまかなスケジュールとして加賀谷と相談していたことだった。

「場所はタウンホールですか？」

「そうやな」

「けっこう大きいですよね」

北沢タウンホール。露出を考えれば、少し大きな会場。成功する保証はどこにもない。損失も覚悟したが、それでも俺は、昇る階段を作っておきたかった。

病気のことを話してほしいんです《取材》

オアシズ・トークライブにゲスト出演。

「じゅんくん、久しぶりだに」

会場に着いた加賀谷を見つけると、光浦はハグで出迎えた。

「光浦さん、お久しぶりです」

加賀谷が先輩、光浦が後輩だが、いつも敬語を使うのは年下である加賀谷のほうだった。

「あ、大久保さんも、お久しぶりです」

「じゅんくん、もう良くなったの？」

「寛解《かんかい》っていうんですけど、薬をちゃんと飲んでいたら問題ないです」

大久保も、加賀谷との再会を喜んでくれていた。

「特に、打ち合わせとかはないよな」

トークの確認は必要ないかと思ったが、念のために聞いてみた。

「大丈夫っしょ。芸人が四人もいれば、なんとかなるでしょ」

「大丈夫じゃないですかね」

想像したままだった。光浦も大久保も気持ちのいいくらい気楽に構えていた。

「頑張ります！」

加賀谷は一人だけ意気込んでいたが、どこか楽しそうだった。

松本ハウスの出番は、二部のゲストコーナーだった。

事前の打ち合わせ通り、打ち合わせのないトークが展開された。光浦も大久保も、実力のある二人。加賀谷が空回った場面もあったが、全体としては、おもしろいライブとしてまとまっていた。

ライブが終わり、楽屋で座っていると、光浦が、ＷＥＢで記事を書いている女性記者を紹介してくれた。光浦のおっかけ取材をしているらしく、ライブも最初から客席で見ていたという。

「松本ハウスさん、懐かしいですね。昔、よく見てましたよ」

「ほんとですか。ありがとうございます」

お互いに挨拶を済ませ、軽く談笑。打ち解けたところで、女性記者が切り出した。

「ぜひ、取材させて下さい」

嬉しい言葉だったが、俺は慎重だった。

「ありがとうございます。どんな取材をって考えてますかね？」

「加賀谷さんって、まだまだ本調子じゃないですよね。完全復活とは言えないみたいですけど」

ズバリと核心を突いてきた。

「病気なんですよね。病気のことを話してほしいんです」

病気の話。それまでも、書籍の出版や、DVDで語るなど、いくつか企画をもらったことはあった。世間に対して、何のとっかかりもない自分たちにとっては、望んでももらえるような話ではない。分かってはいたが、俺は丁重に断っていた。

加賀谷が統合失調症であるということ。事実を隠すつもりなど毛頭なかったが、病気のことを語れるほど、自分たちの道筋も確立できていない。

病気の話題だけが先行してしまっては意味がない。俺の返答は決まっていた。

「病気のことがメインとなると、今はほとんど話せないですね」

興味を示してくれたことには感謝するが、折れることはできなかった。まだ、時は満ちていない。病気のことを語るのは、芸人として地に足がついてから。加賀谷と話し合い、決めたことだった。

「分かりました。では、別の方向で一度考えてみます。でも……」

女性記者が、一瞬、口をつぐむ。何を言われるのかは想像できた。

「病気のことを話してくれないと、厳しいかもしれませんよ」

記事にする側としては、衆人の興味をひく話題性がほしい。論をまたない言葉だった。

「了解です」

俺の返事に納得を示すと、女性記者は元の仕事へと戻っていった。

座っていたパイプ椅子の背もたれに体重を預ける。大きなため息が一つ漏れた。

「はっきり言うてくれるなあ」

俺の隣で加賀谷は、女性記者とのやりとりを聞いていた。

「お前が本調子やないって」

「分かるんですね、やっぱり」

「そんだけ、前のイメージが強いってことか」

「前のイメージ、ですか……」

10年前の加賀谷など、はっきり覚えている人は多くない。生で動いてしゃべる加賀谷を見た人間はもっと少ない。人のイメージは不確かなものだが、「本調子じゃない」という女性記者の言葉は、俺の胸を射貫いていた。

ごまかし、ごまかし、やっていけると思っていたが、そうもいかないみたいだ。

「見る人が見たら分かるってことか」

本当は俺自身が、誰よりも分かっていた。俺の目から見ても、加賀谷は芸人として物足りなかった。

後日、女性記者からメールが届いた。取材がなくなったとの報せだった。

オアシズライブに続き、年内は自主ライブを2本、クリスマスには雑誌『TOKYO★1週間』の企画イベントに出演した。

クリスマスイベントは、池袋サンシャインシティ噴水広場で行われた。お客さんは道行く買い物客。若手芸人に交じり、1分のネタを4本披露した。

惨敗だった。かつて、外したことのないネタもやったが、ネタの途中で、加賀谷は混乱し止まってしまった。

復活の年。希望は、不安へと転じていった。

講演会・講演

「ボクの中には、『統合失調症の加賀谷』という人間は存在しないんです」

－200人、一人一人の表情までは見えないが、それぞれの意識が舞台上に集中していることは肌で感じられた。

「仲間である加賀谷が、たまたま統合失調症というだけなんです」

人の後ろに病気があり、病気の前には、人がいる。

俺は加賀谷に対し、「病人だから」と接したことが一度もなかった。立場は仲間。だから仲間として普通に接する。特別扱いや、とりたてて気をつかうこともなかった。

ちょっとは気をつかってよと、加賀谷は思っているかもしれないが、出会った頃から俺のスタンスは一貫していた。

「キックさんは、本当に昔から変わらないんですよ」

しみじみと語り出す加賀谷。

「変に気をつかわれないっていうのは、すごく楽にいられるんですね。でもそれって、なかなかできることじゃないと思うんです。で、なんでキックさんはできるのかなと僕なりに考えたら、出たんです。答えが」

真っ直ぐな眼差し。一息、二息と息を呑んだところで、加賀谷は言葉を絞り出した。

「この人……、天然なんです」

「お前が言うな！」

怒濤のような笑い声が、ホールを揺るがす。それまで張り詰めていた空気が、みるみるうちにほぐれていく。天然は、どう見ても加賀谷のほうだろうと。

しかし、加賀谷が出した答えは、あながち間違いとは言えなかった。天然と言われれば、俺は天然かもしれない。人並み以上におっちょこちょいだったりもする。

風邪をひいた際、食事前に顆粒の葛根湯を飲もうと、上を向き、口を開け、袋を傾けた。すると葛根湯の粉が、バサバサーッとテーブルの上に全部散らばってしまった。「な、なんやこの葛根湯は！」と、袋をにらみつけ叫んだ刹那、俺は自分がマスクをしていることに気がついた。

どこか抜けている。そういう意味でも天然だが、加賀谷の病気を知った後も、自然体で接してきたという意味でも俺は天然なのだろう。

統合失調症について、俺はほとんど勉強をしてこなかった。加賀谷に、「病名は統合失調症です」と告げられたときも、精神疾患だということは分かったが、そこから詳しく調べることはしなかった。

目の前にいる相方に教えてもらおう。加賀谷の話もさることながら、時々の状態や、ちょっとしたしぐさ、声のトーンや微妙な浮き沈みなど、俺は加賀谷自身丸ごとを情報とした。当事者との接し方で、気をつけていたことは何かと聞かれることがある。そうしようと意識していなかったが、俺は、先回りをしないようにしていた。

「今の時代、統合失調症のことを調べようと思えば、いくらでも調べることはできます」

どういう症状があって、どんなことが起こるのか。こんなことをさせてはいけない、あんなこともさせてはいけない、と。

「でもボクは、それを頭に詰め込んで、『さあ、接するぞ!』とは、しないようにしています」

知識は大切で、軽んじてはいけない。だが、統合失調症の患者は、100人いれば100人とも症状が違う。まったく同じということがない。中には幻聴や妄想が現れない患者もいる。それくらい、統合失調症という病気は個性的なのだ。ということは、

「やっぱり、個を見なければならないと思うんです」

人と人。人がいて、人がいる。人がいるから、人がいる。

隙間のない客席。当事者もいれば、家族もいる。支援者もいれば、統合失調症をまったく知らない人もいる。赤いパーカーを着ていたり、薄い灰色のジャケットを着ていたり、紫色のふさふさしたセーターや、黄色いカーディガンを着ていたり。革ジャン、金髪、鼻ピアス、ふちが緑のメガネにサングラス。ヒールの高いブーツや、動きやすい紺色のスニーカー。いろんな人がいろんな視点に立ち、松本ハウスの話を聞いている。恐縮してしまうほど、熱心に耳を傾けてくれている。

俺も加賀谷も、経験してきたことしか話せない。経験や出会いから得たものしか話せない。それでも何かの役に立つのであれば、どんなことでも話したい。日常の生活において、笑いが一つでも増えるのであれば、それほど嬉しいことはないのだから。

松本ハウスもそうだった。復活してから笑えるまで、どれほどの時間を費やしたことか。

「本当に、芸人を辞めてしまおうかと思ったこともありました」

加賀谷の本音。『芸人に復帰する』という大目標をつかんだまでは見事だった。が、そこからの辛苦は、想像をはるかに超えるものだった。

大丈夫だよ、母さん《すれ違い》

　華々しく、復活と謳ってはいたが、仕事はなく、経済的にゆとりもなかった。俺も加賀谷も、日々のアルバイトに生計を委ねていた。

一人で活動していたときも、仕事のないときはアルバイトをしていた。皿洗いをしたり、差し当たってお金が必要なときには、日払いでお金をもらえる引っ越しの助手などにも行ったりした。復活後も、数か所の職場に籍を置いたが、職種としては電話応対の仕事が多かった。

商品の売り込みをする営業電話をかけることもあった。「営業の電話なんてかけてくんじゃねえよ」、うっとうしいと感じた方にはお詫びをし、興味を示してくれた方には、メリット、デメリットを細かく説明した。

　どちらに対しても、時間を割いてくれたことに「ありがとうございます」と感謝を示した。扱うものによっては、全国１０００人ほどの部署で、社長賞をもらったこともあった。

　お客さまからの、問い合わせ電話を受ける職場もあった。丁寧に話を受け、的確に答える。中でも、通常業務とは異なるが、クレームを入れてくるお客さまへの応対は、妙な言い方だが得意だった。

電話応対のマニュアルに反していたかもしれないが、俺は怒っている方の話を真剣に聞いた。もちろん、業務だから真剣には聞くが、俺は業務のラインを超え、親身になって耳を傾けた。何に対して怒っているのか。どうすることを求めているのか。話を聞いていくと自ずと対応の仕方が見えてきた。

悪意のあるクレーマーは別として、怒りに震えている方が本心で求めているのは、形ばかりの誠意などではない。主張をきちんと聞き、共に考えるという血の通った真心であるのだと。

怒鳴っていた相手から、「頑張ってね」「あなたなら、納得しましょう」など、嬉しい言葉を頂くこともあった。何度も電話をしてくる方から「松本さんをお願いします。松本さんとしか話しません」と名指しをされたこともあった。会社にとっては面倒なアルバイトだったことだろう。

少し忙しくなっただけで辞めてしまい、迷惑をかけた職場もあった。今でも申し訳なく思っているが、出社すれば業務に勤しんだ。それでも休み時間になると、しばしば我に返ることもあった。

「俺は、いつまで、ここにいるんだろう」

情けなかった。40歳を過ぎても、俺の人生はグラグラだ。肉体的にもきつい面はあったが、

精神的にはもっときつかった。

いったい自分は何をしているんだ。どうしてここにいるのだ。俺はお客さんの前に立ちたいんじゃないのか。生活のためと割りきってはいたが、やりきれなく、昼休みに机に突っ伏すこともあった。

時間になるとまた懸命に働いた。自分を鼓舞するためにもボソボソとつぶやいた。

「どんな仕事でも、仕事は仕事だ」

俺は今、アルバイトでお金を稼いでいる。なんら恥じることはない。だからこそ、仕事で手を抜くことはしたくなかった。手を抜けば、必ず『芸』に返ってくる。塞いだ気持ちは、すべて舞台にぶつけよう。これでもかというくらい、ぶつけてやろう。俺は、加賀谷との稽古に打ち込んでいった。

「単独までに、ライブも出ていくからな」

「いつでも大丈夫です！」

稽古も必要だが、実戦はさらに不可欠。ごまかしの利かない舞台に立ち、少しでも感性を磨いておきたかった。1月、2月と、自分たちが主催するトークライブも含め、いくつかのお笑いライブに出演した。

『いしだちゃん祭り』『フライデーナイトトライブ』『D関無双』。昔からの芸人仲間、げんしじんが主催する『爆笑あまにゃま寄席』など、声がかかったものはすべて出演した。

2か月あった準備期間は、みるみるうちに消費されていった。が、稽古は順調とは言えなかった。

4週間に一度の診察。できないことへの焦り。加賀谷は、もっと効く頓服薬はないのかと、主治医に無茶な注文をしていた。

入院する以前の加賀谷は、一つの振りに対し、おもしろいフレーズが三つくらい頭に浮かんだ。その中から瞬時にベストな答えをチョイスする。加賀谷のボケに観客は笑い、加賀谷の切り返しで会場が沸いた。

「僕は、全部失ってしまったんだ」

今は、何も浮かばない。打開策もない。努力することにも疲れてきた。加賀谷は、できない責任を、薬に押しつけようとしていた。

主治医は、加賀谷の気持ちを察したが、薬を増やしたり、替えたりすることはしなかった。ぶれのない治療は継続されていたが、加賀谷の日常は憂鬱で埋められていった。

芸人に復帰したことを、加賀谷は母親にだけ打ち明けていた。黙って復帰したことを父親

が知ると激怒するだろう。母親に頼み、内緒にしてもらっていた。

母親は、加賀谷のことを心から案じていた。

「大丈夫なの?」「無理していない?」「辛くない?」

優しい言葉の数々に胸が詰まる。

「大丈夫だよ、母さん」

加賀谷は、自分を見失いそうになっていたが、気丈に振る舞っていた。母さんにはこれまで散々心配をかけてきた。これ以上、僕が心配をかけるわけにはいかない。心配されすぎるのも、辛かった。

母親の言葉に、一度だけ信念が揺らいだことがあった。

「何か資格を取ってみれば。応援するから」

芸人を辞め、資格を取って就職を目指す。僕にできるのだろうか。そもそも僕に取れる資格なんてあるのだろうか。

考えてはみたが、加賀谷には自分に合った資格が思いつかなかった。

それに、
僕がやりたいことは、お笑いなんだ。

僕がやっていきたいのは、芸人なんだ。

僕が僕として生きていくためにも、投げ出すわけにはいかない、あきらめちゃいけないんだ。本心では逃げ出してしまいたかったが、他に、何かができるとも思わなかった。芸人として舞台に立つことを、あきらめたくはなかったが、稽古に向かう足取りは重かった。

俺の家まで、100メートルの距離。目の前にあるコンビニで水を買い、店の前で頓服薬を流し込む。ため息をつき、タバコを二本吸い、時間ギリギリになって歩き出す。右足が地面に着すると『頑張れ』、左足が地面に触れると『頑張れ』、自らを励まし、自分に言い聞かせる。

「キックさんが待っている」

頑張れ、頑張れ、頑張れ、頑張れ。

今にも擦り切れてしまいそうな心を、加賀谷は必死でつなぎとめていた。

稽古中の加賀谷は、苛立ちが表に出るようになっていた。同じところをグルグル回り、同じところで、できない自分に何度も出くわす。耐えられるはずがなかった。

あぁ、イライラする。どうせ僕なんか、一生できないままなんだよ。キックさんもキックさんだ。いろいろ教えてくれるけどムカつくんだよ。分かってるよ。何度も言うなよ。できないのは、分かってるんだよ。

加賀谷のもどかしさは棘となり、俺に対してもささくれが目立っていた。言葉は丁寧だが、口調が強くなった。

「それ、どういう意味なんです？」

「このセリフ、どういう風に言えばいいんです？」

「無理だと思います。できないですよ」

棘を発しては、加賀谷は落ち込んだ。こんな言い方、したくないのに。うまくできるようになりたいだけなのに。コントロールができない。自分自身が、加賀谷には見えていなかった。

やり場のないフラストレーションは、俺も同じだった。迫りくる単独ライブの日程。進まぬ稽古。俺も、加賀谷のイライラを、受け止める余裕を失っていた。

「今日はもうええわ。やめよう」

捨て鉢ともとれる言葉を、使ってしまうこともあった。

崩れたリズム、遠ざかる互いの距離。簡単には、修正できなくなっていた。

やれるだけのことをやるまでやな　《家パーティ》

「ねえ、飲み会やろうよ」

言ってきたのは嫁だった。

「飲み会って言っても、ネタライブまで、あと10日くらいやしな」

「だからいいんじゃない」

「だから？」

「なんか進んでないみたいだし、気分変えたら」

「そやなあ、気分転換になるか。じゃあ、新宿の居酒屋とか押さえよか」

「家でいいじゃない。何か作るから」

俺は独りの時間が好きだが、嫁は正反対だった。人が集まるところが好き、みんなでわいわいやるのが好きだった。

「あたしも友達を呼んでもいいでしょ」

「全然いいよ」

急な飲み会。誰が来られるか分からない。俺は、加賀谷に伝えた後、何人かの後輩に連絡を入れてみた。

「飲み会やるから来れそうやったら来てくれ」

飲みたいから飲みに来いというだけの集まり。にもかかわらず、当日は、昔から付き合いのある後輩芸人が何人か参加してくれた。三平《みひらさんぺい》×2、プチ鹿島、チャンス大城、放送作家のゴージャス染谷。復活ライブのときにも駆けつけてくれた面々だった。

嫁が呼んでいたのは、3人のママ友だった。それぞれの子供が一人ずつ。ママ友の一人が夫婦で参加。俺の家族も含めると、11人の大人と、4人の子供が集まっていた。

ダイニングにあったテーブルをベランダのある部屋へと移動させ、二つの部屋を仕切るふすまは取っ払った。テレビや、棚など、その他のものは四畳半の稽古場へ。ダイニングが丸々フリースペースになると、思った以上に広く感じた。

「お料理はテーブルの上に並べてあるから、好きなだけ食べて下さいね」

嫁がみんなに、お皿と箸を渡していく。俺は、キッチンの前に立ち、飲み物を勧める。

「ドリンク類は、冷蔵庫の中とキッチンの上に置いてあるからな。セルフで悪いけど好きに飲んでくれ」

「ありがとうございます！」

一斉に返ってきたみんなの声。その中に、一つだけ別の声が交じっていた。

「いただきま〜す！」

誰よりも早く、加賀谷が自分の皿に料理を取り分けていた。

マカロニサラダに、ほうれん草とチキンのグラタン。さつまいものコロッケに大根のそぼろ煮。ご飯物はちらし寿司と、そのまんま白いご飯。

ドリンクは、缶ビールと缶のチュウハイ、もらいもののワインに黒糖焼酎。子供たちには、お茶とオレンジジュース。食べ物も飲み物も、それぞれ何人前かは計算していなかったが、お腹がいっぱいになるようにと準備をしていた。

酒と料理と気兼ねない仲間。その三つが揃えば、どんな場所でも楽しくなる。俺も加賀谷も、単独ライブの稽古などないかのように、後輩と一緒に飲んで食ってバカみたいに笑っていた。

1時間ほどたった頃。嫁が、俺に手招きをした。

「ここでネタやりなよ」

「ネタって……」

その場にいるのは後輩と、嫁のママ友とその子供。飲み会で、後輩がネタをやることはあるが、先輩が後輩の前でネタをやるなんて聞いたこともない。できるなら、やりたくなかった。

「ちょっとの数でもお客さんは、お客さんだよ」

攻める、嫁。

「でも、やる場所もないしなあ」

逃げる、俺。

「人前でネタをやる機会が少ないって言ってたよね？」

「それはそうなんやけど」

「だったらどこでもありがたいでしょ」

「見に来てくれるお客さんがいればね」

「家に来てくれているんだから、みんなお客さんでしょ」

「じゃあ、加賀谷もお客さんになるしぃ」

「やるの？　やらないの？」

「どっちかを選べるんやったら、」

「やるんでしょ？」

「う、うん」

　俺は、嫁に頭が上がらない。結婚式も挙げていなければ、新婚旅行にも行っていない。満足のいく生活もできていないのに、将来を悲観することなく俺を叱咤し激励してくれる。叱咤のほうが多少、いや、かなり多くはあるが、それもよく笑う嫁の愛嬌のうちだ。

　嫁もミュージカルや芝居など、かつては人前に立つ仕事をしていた。子役から始め、『アニー』や『ピーターパン』に出演するなど、舞台で活躍していた。小さい頃から大人の世界で過ごし、競争の中で生きてきた。だからなのかもしれないが、嫁は何事にも真っ直ぐだった。言うことは厳しく、怖いときすらあるが、一本筋は通っている。

　嫁に、作ったばかりのネタを見せたことがあった。評価は「おもしろくない」という、容赦のないものだった。身内だからという甘さはない。逆に身内だからこそ、厳しく感じたことを口にする。おもしろかったときには「いいんじゃない」と笑ってもくれた。

「やることをやりなよ」と、嫁はいつも言う。家のことや子供のこともそうだが、仕事のこともそう。俺は、好きなことをしている。家族にはやりたいことをさせてもらっている。やることをやれという嫁の後押しに、応えないわけにはいかなかった。

　飲み会の席でも、嫁の理屈は正しかった。一人でも客がいれば、そこが舞台。逃げるわけにはいかなかった。

「じゃあ、ちょっと打ち合わせしてくるわ」

　嫁にそう言い残すと、俺は加賀谷と一緒にベランダへ出た。

「ネタやることにしたから」

「え？　ここでですか？」

　突然のことに、加賀谷も驚いていた。

「嫌な緊張感があるやろ。それも経験や」

　あたかも自分のアイデアかのように加賀谷に言う。

「分かりました。で、何のネタやります？」

「とりあえず、お前ができるのでええわ。ちょっと合わせるか」

「はい」

思い出し、思い出し、思い出せないところは削り、3分くらいのネタに仕上がった。

「なんとかいけると思います」

「大丈夫かこれで」

「お願いします！」

ベランダから部屋に戻ると、ダイニングを客席に見立て、全員を座らせた。舞台はダイニングとベランダ側の部屋、二つの部屋を仕切るふすま2枚分の幅だった。

「めちゃめちゃ狭いなここ」

「動いたら当たりそうですね」

「ま、ええか」

日本一コンパクトな寄席小屋ができあがった。

「はい、お待たせしましたー。って、急にやるのに、お待たせもなんもないんですけどね」

「僕は待ってましたよ」

「なんでお前が待ってんねん。ということで、今からネタをやりま～～す」

唐突な始まりだったが、ネタは最後まで盛り上がった。

間違えたところ、忘れたところ、ボロボロだったところ。打ち合わせ通りとはいかなかったが、アドリブでネタを縫い合わせ、止まることなくやり通した。

経験としては悪くない。加賀谷も少しだけ緊張を楽しめたのか、また飲み始めると、いつにも増して饒舌だった。

飲み会が終わり、皆、帰っていった。加賀谷は遅くまで残り、片付けを手伝ってくれていた。

「よっしゃ、これでええわ」

ある程度片付いたところで、加賀谷に言った。

「そろそろ終電やろ。ありがとう、助かったわ」

「大丈夫ですか」

「おう。んじゃ、一服だけするか」

「いいですね」

ベランダに出ると、部屋を背中に俺が左、加賀谷が右に立って煙を吐いた。漫才の立ち位置と同じ。慣れた並びがしっくりきた。

「ま、やれるだけのことをやるまでやな」

なんのことかを告げずに言ったが、単独ネタライブを指していることは、加賀谷も承知していた。

「はい。ちょっとずつですが、覚えてはきているんで」

1日で、何かが劇的に変わることはない。でも1日あれば、何かが少し動くことはある。どこまで行っても通過点だ。問題を抱えつつも、希望はまだ失っていなかった。

あかんわ。全然楽しなかった《単独ライブ》

単独ネタライブは、蓋を開けてみればほぼ満員という盛況のうちに幕を閉じた。ネタで大きく間違える箇所もなく形にはなった。エンディングでは客席から拍手ももらった。最低限のものは見せられた格好だが、俺は加賀谷に、「良かった」という言葉をかけられなかった。

「終わったな」

「はい、お疲れさまでした」

ただ終わっただけ。加賀谷には何も言わなかったが、俺には達成感も何もなかった。稽古で克服できなかったことが、本番でまともに出てしまっていた。お金をもらい芸を見せるプロとしては、納得のできるクオリティではなかった。

たとえようのない疲労感が、俺の全身を包み込んでいた。

これは、俺が求めている笑いではない。今の加賀谷でいいとは言ったが、俺が手にしたかったのは、こんな笑いじゃない。芸人としての根幹に関わってくることだった。俺は自分がおもしろいと感じることにこだわりを持ち、笑いを作り続けてきた。一人になったときもネタを作り続けてきた。ネタは、芸人にとって魂だ。これでは、笑えないんだ。

さすがに俺も、参ってしまった。


家に帰っても、心は晴れなかった。

制作としてイベントを仕切り、疲れているはずの嫁に、俺はボソリとこぼしてしまった。

「あかんわ。全然楽しなかった」

「そうなの」

「全然や」

「受付やってて見てないけど、お客さん、帰るとき喜んでたよ」

「うん……」

笑ってくれてはいたが、演じている側としては、やりきれなさだけが残っていた。

「覚えた言葉、そのまま言うてるだけやわ」

「そのままって？」

「台本読んでるみたいや。台本読んでるんやったらまだましかな。俺のセリフが終わったら反射的に、急いで言葉を投げつけてくる」

「『言わなきゃ』って思ってたんじゃないの」

「それはそうやと思うけど……リズムが作れへん」

「そうなんだ」

「しんどいわ」

考えないようにしようとしても、どんよりとした気持ちが鬱積していく。出口のないモヤモヤに埋もれていく俺を、嫁は一歩引いたところで見ていた。

「どうすんの？」

「どうすんのって」

「これから」

続けるのか、ここで終わりにするのか。俺が自問する代わりに、嫁が聞いてくれた。

「そうやな……」

想定していたことが浅はかだった。

どんどん、上を目指そう。もっと世間に名が通るように頑張ろう。上へ、上へと視線を向けていたが、松本ハウスが目指すべきところは上ではなく、先だった。

「やっていくよ」

アクセルは常に踏んでいるが、飛ばしてはいけない。ため込んでいたものを嫁に話したことで、俺は冷静になることができた。

「俺にも、至らないところはあるもんな」

「そっちのほうが多いんじゃないの」

「ちょっと待ってよ！」

ようやく、ホッとすることができた。

いつとはなしに、目標が期待に化けてしまっていた。期待をしすぎてしまうと、目の前の事象を見誤ってしまう。結果、融通が利かず、自分の感覚を押し付けてしまう。正しいと思う答えに、加賀谷を誘導しようとしていた。

俺は自分の力のなさを省みた。そして、先に照準を定めはするが、今をしっかり見据えようと腹をくくった。

加賀谷ができないということを、病気だから仕方がないと思うこともあった。記憶力の低下や言語流暢性の低下、疲れやすかったり、集中力が続かなかったり、話をまとめることが苦手だったり。だが、そこに死角があった。

症状は症状。無視をしてはいけないが、過度に意識するのも良くない。部分的なものを見てはいけない。もっと広く、加賀谷という個を見ていかなければ。症状を含めた加賀谷こそ、今の加賀谷なのだ。

言い訳をしたくはなかった。作り手としての意地もあった。これからつかみ取ろうとする笑いを、楽しみにしようじゃないか。今ある武器を駆使して、喜びすぎず、悲しみすぎずに。

松本ハウスを終わらせるつもりなど、さらさらなかった。

出直しや、出直し《契約》

3月の末。

後輩、三平×2の誘いで、お笑いライブに出演。

『漫才バカ一代』その名の通り、漫才をこよなく愛する漫才師が、漫才を披露するライブ。

会場の文京区シビックホールは、400人のお客さんで満員になっていた。

出演者の中に、サンミュージックプロダクション所属の『髭男爵』がいた。「ルネッサ〜ンス」というギャグでおなじみの、ひぐち君と、山田ルイ53世のコンビ。ちょうど1か月前にも、別のお笑いイベントで、山田とは共演していた。同じ時間帯に出演していなかったが、山田や、山田のマネージャーとは楽屋で話をしていた。そのマネージャーが、『漫才バカ一代』にも顔を出していた。

「お疲れさまです。サンミュージックの大関です」

「よろしくお願いします。また、一緒になりましたね」

「こういったライブは、よく出てるんですか？」

「全然、少ないですね。声かけてもらったものがほとんどなんで」

「じゃあ、また一緒になるなんて貴重ですね。なんかの縁なんですかね」

「縁、ありますよきっと」

その場での笑いとして言っただけだったが、まさしく縁があった。

大関とはその後も連絡を取り合うこととなった。サンミュージックの主催するお笑いライブ、『GETライブ』へのゲスト出演も大関の推薦だった。

その後も松本ハウスは、フリーのまま活動していた。主催したライブには、金谷ヒデユキさん、ずん、X-GUNなど、かつて舞台を共にしていた芸人もゲストとして出演してくれた。

お笑いグループ「ダーンス4」の今野が主催する、『V1クライマックス』のレギュラー出演者になるなど、お笑いライブにも出演し続けた。新たな交流も芽生えてはいたが、大きな変化のないまま数か月が過ぎていった。

夏の終わり、バラエティ番組の仕事が舞い込んだ。

コンビとして10年ぶりに出演するテレビの仕事。出演依頼の内容は、俗にいう『あの人は今』だった。

「過去に活躍された松本ハウスさんが、今現在、活動をしているのかどうかを、クイズとして出題します」

メールのやりとりでも説明はあったが、打ち合わせでも改めてディレクターから説明を受けた。

復活後、新聞や雑誌などで、同じテーマの取材は受けていたが、テレビというメディアでは初めてだった。

打ち合わせからの帰り道、加賀谷と話す。

「呼んでもらえるだけでも感謝やな」

「覚えてくれているなんて、ほんとありがたいですね」

「おもしろいもん、見せたいなあ」

二人とも、モチベーションは上がっていた。

収録日、スタジオに入る。

解答者席には、テレビでよく見かける芸人が何人も座っていた。先輩もいれば後輩もいる。面識のある芸人もいたが、ほとんどが初対面だった。

「お久しぶりです、かがやで〜す！」

登場は、加賀谷の挨拶から。そこから、30秒ほど、パフォーマンスの時間があったが、加賀谷はどこか浮ついていた。スタジオとの一体感も生み出せない。

出演していた芸人は皆、盛り上げようとしてくれるが、こっちがいっぱいいっぱいだった。パフォーマンス後の、解答者とのやりとりもちぐはぐなまま。MCの一言が、すべてを物語っていた。

「加賀谷さんて、こんなに絡みづらかったっけ？」

笑いを誘うツッコミだったが、的確だった。

さしたるインパクトも残せず、5分程度の出演時間は終わってしまった。

何かが違う。

松本ハウスに持たれた印象は、良いものとは言えなかった。

「出直しや、出直し」

楽屋に戻ると、俺は人目もはばからず口にした。

「すいません。全然、機転が利かなくて」

「いや、俺が悪かった。すまん、何のフォローもできんかった」

悔しいという気持ちより、恥ずかしいという気持ちのほうが強かった。未だに自分たちだけが、古い時代を生きているような気がした。

変わっていかなければ。こちらの事情は、こちらの事情。また、一からの作り直しだった。


大関から連絡が来たのは10月の終わりだった。復活1周年のライブが終わった、数日後のことだった。

復帰して1年がたった加賀谷は、できることが少しずつ見つかり始めていたが、相変わらず、できないことのほうがまだまだ多かった。どうなっていくのか見当もつかない。繰り返しの毎日を、積み重ねているときだった。

「話がまとまりましたので、一度、サンミュージックの事務所に来てもらえますか」

マネージメント契約を希望する意志は伝えていたが、ようやく形となった。

契約の形は業務提携。扱いは新人と同じ。二十数年の芸歴があるからだろう。大関は、

「その条件でも大丈夫ですか?」と、俺を気づかった。松本ハウスを扱ってくれることがありがたい。復活してからも、新人に戻ったつもりでやってきた。問題があるはずなどなかっ

た。

　俺は電話を切ると、「よしっ」と、小さくだが、力強く息を吐き出した。そんな俺を、嫁がにこやかに見つめていた。

「決まった。業務提携やけど」

「形なんてなんでもいいじゃない。期待に応えないとね」

　マネージメントは行うが所属ではない。あくまで外部の人間として、仕事上での提携契約。嫁の言う通り、形などどうでもいい。見えない道に違いはなかったが、これで少しだけ道が整備された。進む足にも力がみなぎるようだった。

　俺はすぐさま加賀谷に報せを入れた。大関から聞いたことを漏らさず伝える。加賀谷は、無垢なまでに「良かった、良かった」と喜んでいた。

　12月初旬、サンミュージックの事務所で契約書が取り交わされた。正式な契約開始日は、切りがいい、２０１１年の1月から。松本ハウスの担当マネージャーは大関となった。力を貸してくれた大関がマネージャー。安心もできたが、俺も加賀谷も、それ以上に嬉しかった。

「これから、よろしくお願いします」

　3人で、がっちりと握手を交わした。

このままここにいていいのかな　《ダメ出し》

サンミュージックと業務提携を結んだ後は、毎月、事務所が主催するお笑いライブ『GETライブ』に出演した。

若手も中堅もベテランも、芸人は皆、同じ条件で同じ舞台に立つ。

そのライブをプロデュースしていたのがぶっちゃあさんだった。何かと気にかけてくれた先輩。初めて出演したときは、いいところを見せようと身を入れた。

ネタの持ち時間は4分。思った以上の笑いがあった。慣れたネタを選んだということもあったが、客席も松本ハウスを受け入れてくれた。

エンディングでは、若手よりも前に出て、若手以上にガツガツと笑いを取りにいった。加賀谷が絡むシーンすべてが笑いに変わっていった。

が、それは正解とならなかった。

他の芸人ともうまくやれたし、お客さんも、新参者として構えることなく、フラットに笑ってくれた。

「やっていけそうやな」

「ちょっと安心しました」

楽屋で帰り支度をしながら加賀谷と話していると、若手の一人がこっそりと教えてくれた。

「ぶっちゃあさん、怒ってるみたいですよ」

「え？」

俺と加賀谷は顔を見合わせた。

「なんでやろ。ネタの時間、長かったからかな」

「超えちゃったからですかね」

アドリブなども入り、ネタが少し延びてしまっていた。

延びると強制的に暗転になり、ネタの時間が終わってしまう。そのルールを知らなかったということもあるが、時間をオーバーすることは良くなかった。

「そろそろダメ出しが始まります。客席に集合して下さい」

舞台監督の指示が飛ぶ。

GETライブでは、お客さんが帰ると、舞台と客席を使ってダメ出しが行われる。ぶっちゃあさんやリッキーさん、チーフマネージャーの小林さんから、気になった点や、改善点、その他周知事項など、時々に応じて話があった。

客席に行くと、入り口近くのシートに、ぶっちゃあさんが座っていた。個人的に、若手コンビへのアドバイスをしていた。

「お疲れさまです」

会話の隙間に声を挟む。振り向いたぶっちゃあさんの表情は、硬く閉ざされていた。

「お前らな、エンディングで前に出すぎや。バランスを考えろ！」

思いもよらないところで、ダメ出しを受けた。ぶっちゃあさんが言おうとしていたことは、ライブ全体のことだった。

加賀谷が前に出る時間が長くなれば、それだけライブの時間が長引く。実際、ライブの終了時間は10分もオーバーしていた。

それだけではない。ぶっちゃあさんは、お客さんのことも気づかっていた。

「いくら笑っててもな、長時間座ってるお客さんはしんどいんやぞ」

高さ20センチほどのベンチシート。腰を下ろす面はクッションになっているが、ふかふかとは言いがたい。背もたれもなく、長い時間座るには適していなかった。

俺のミスだった。うけるあまり、全体のことを考えていなかった。自分たちのことしか考えていなかった。加賀谷に「全開でいけ」と指示を出した俺の判断が誤っていた。

ネタの長さも指摘された。4分だったら4分でまとめろ。今のテレビでは、時間オーバーはもっとも嫌われる。今の芸人としてどうあるべきか。ダメ出しを受けて、初めて知ることとなった。

完膚なきまでに、俺と加賀谷は打ちのめされた。

毎月のGETライブでは、度々、ネタの長さがオーバーしてしまった。客席のうけが悪かったりもした。その都度、ぶっちゃあさんの厳しい言葉が飛んできた。

ネタの時間を守れ。お前らの勝手が全体に響く。だからお前らは売れない。駆け出しの頃から振り返っても、こんなにダメ出しをされたことはなかった。好きにやったほうがいい、どこへ行ってもそう言われてきた。

ぶっちゃあさん主催の『馬鹿バトル倶楽部』でもそうだった。審査委員の審査に納得のいかない俺が「帰る！」と言って舞台を降りたことがあった。そのときも「ええよ、そんなんもありや。好きにやれ」と笑ってくれた。

でも、そんな時代は、とっくに終わっていた。

ぶっちゃあさんの厳しいダメ出しは、今の時代を這い上がってみろという親心だった。

一度落ちた人間が登るのは容易ではない。それなのに、年数を積むと注意されることはほとんどなくなってしまう。悪い点を指摘してくれる人がいなくなってしまう。若手と同じように扱うのはぶっちゃあさんの優しさだった。

ぶっちゃあさんの親心に、俺は奮起しようと切り替えたが、加賀谷にはプラスに考えられる余裕がなかった。ダメ出しを、真正面から受け取ってしまっていた。

僕がちゃんとしていないからダメなんだ。舞台に立つと、加賀谷の顔はこわばり、体は硬直した。間違えちゃいけない。うまくやらないといけない。ミスをしてはいけないという思いにからめとられてしまった。

ただでさえ信用のおけない記憶力。ネタを忘れ、崩れていくことは毎回となった。客席からは冷ややかな視線が。うけないと、またダメ出しが。俺が声をかけるも、閉ざされてしまった加賀谷の心には、届かなくなっていた。

うけない、おもしろくない。つまらない。舞台での焦りは混乱を招き、加賀谷自身を追い詰めていった。


夏。亜熱帯のような、ジメジメとした夜。

ライブから帰る電車の中。加賀谷は一人、ドアにもたれぼんやりと外を眺めていた。

今日も、うまくできなかった。変な間を空けてしまって、お客さんの反応が悪くなった。言葉がつっかえた。

楽しいはずの舞台が、苦しくて仕方がない。自分の居場所に戻ってきたはずだったのに、別の場所に来てしまったみたいだ。

このままここにいていいのかな。

ここで探せば、僕の居場所はちゃんと見つかるのかな。

僕は……。


駅、電車が停車する。加賀谷がもたれていた側のドアが開く。

パラパラと降りる乗客の向こうに、電車に乗るタイミングを待ち構える人の列が見えた。降車する人がいなくなると、ホームに並んでいた人たちが、堰を切ったかのよう一斉に動き出す。

ざわざわとなだれ込む人の波。加賀谷は車内中央へと追いやられた。ドアが閉まる。四方を人に囲まれ身動きが取れない。

ひしめき合う、人、人、人。自分の顔の前に他人の顔。まるで知らない他人の顔。左右両隣にも後ろにも、見たこともない他人の顔。

電車の揺れに合わせ体が当たる。肘や肩や、足や頭や、バッグや荷物もぶつかってくる。

満員電車のよくある光景だったが、加賀谷は強い圧迫を感じていた。

苦しい。ソワソワする。貧乏ゆすりが止まらない。

呼吸が乱れ、息ができない。

整理しきれない情報が、視覚を通じて脳に入ってきた。

不安が膨らみ、制御ができない。

他人の視線が気になり出した。僕のことを見ているんじゃないか。変な人だと笑っているんじゃないか。

表情が、話し声が……つきまとってくる。

笑って話す女の人たち、真剣に語り合うサラリーマン、仏頂面で考え事をする壮年の男、目に入るすべての人が、自分のことを嘲《あざけ》っているように感じられた。いけない。情報が多いと、脳が疲れ体が動かなくなる。以前にも経験したことがあった。

加賀谷は、調子を落としたときには、メモを取るようにしていた。何があって、どんな状態になってしまったのか。ストックしたメモは、加賀谷にとって大切な宝物となった。自分を知れば、次に同じようなことが起こったときの参考にできる。情報の波が押し寄せてくることも何度か経験していた。

加賀谷は、バッグからサングラスを取り出すと、躊躇《ちゅうちょ》なく両目を覆った。情報は視覚から入ってくることが多い、だったら視覚にフィルターをかけようという発想だった。

夜の電車でいきなりサングラスをかける。周りから見れば奇異な行動かもしれないが、加賀谷にとっては自分を守るための最善の策だった。

サングラスをかけると、他人の視線が心なしか弱まった。情報が遮断され、密集した、雑然とした場所でも一人の空間を作り出すことができていた。それまでのソワソワもましになり、自宅の最寄り駅で電車を降りた。

家にたどり着く。食事も取らず、着替えもせず、床にどすんと座り込む。

「疲れた……」

そのまま、時間が過ぎていった。

僕、壊れてしまうよ《混沌》

その夜は、予告もなしに訪れた。

加賀谷は、部屋で塊になっていた。

明かりもつけず、部屋の隅。床に座り、動かない。

腕はだらりと垂れ下がり、首は100キロの鉛でも吊るされたかのよう、地に向かいがくりと落ちる。全身の力を、どこかに忘れてきたみたいだ。体どころか、指先にすら力が入らない。顔面は表情を失い、重力だけを過剰に感じる。

なのに、心はどうしようもなく動き回った。ぐにゃりぐにゃりと、加賀谷の中で這いずり回った。

自信が、希望が、余裕が、意欲が。加賀谷を守っていた鎧が、一つ、また一つと剝がされていく。現実という矛《ほこ》の前に、裸の自分が剝き出しになる。不安が、絶望が、怯えが、無気の力が、理性を失い蠢《うごめ》き出す。

「どうして、どうして……」

自分にさえ聞こえない声を上げ、加賀谷は呻いた。

芸人に復帰して、良かったのだろうか。僕が進むのは、この道で合っているのだろうか。迷えば迷うほど、現実という矛は心を突き刺した。

体の芯から、震えが押し寄せてきた。ザワザワ、ゾワゾワ、震えは猛スピードで加賀谷の両腕を這い上がる。

「うっ……」

両腕を抱え込むが、ゾワゾワが這い上がった感覚が残っている。

「壊れちゃうよ、僕。僕、壊れてしまうよ」

逃亡してしまいたい。誰も知らないどこかへ行ってしまいたい。ダメだ。あきらめちゃいけない。投げ出したらそれこそ終わりだ。

相反する二つの気持ちがぶつかり合う。

ここでしがみつかなければ、僕はダラダラと生きるだけだ。芸人でない僕は、僕じゃない。でも芸人を名乗っているハウス加賀谷は、おもしろくない、いわば偽物の芸人。僕は、いったいなんなんだ。何が本当の僕なんだ。


じっとしていることに耐えられず、加賀谷は立ち上がった。さっきまで動かなかったのが嘘のように、部屋の中をグルグルと歩き回った。

「僕は大丈夫だ、大丈夫だ……」

負の思惑から逃れようと回り続けたが、負の思惑は背後からピタリとついてきた。

そのうちみんな、僕のことなんか相手にしなくなるんだ。お客さんも周りの芸人も、みんな僕のことを忘れていく。

「キックさんだって……いつかは、僕のことを見捨てるはずだ」

誰も信じられない。信じることが、怖かった。

逃げなきゃ、逃げなきゃ、負の思惑から遠くへ逃げなきゃ。

不安を落ち着かせるために、頓服薬は飲んでいたが効かなかった。睡眠導入剤も飲んだが、眠れなかった。

ゾワゾワゾワッ……

また、這い上がってきた。

「なんだこれ」

水滴が、床に落下した。知らない間に、涙がこぼれていた。とたんに抑えきれない恐怖が暴発した。

「うわあああああああああああああああああぁぁあっぁ」

加賀谷は、玄関のドアを開け放つと、靴も履かずに部屋から飛び出した。2階にあった加賀谷の部屋。飛び出した勢いそのままに階段を駆け下りた。

鉄製の階段、靴を履いていれば、『カンカン』という甲高い音が響くが、素足では音は吸収される。一段下りるたびに、『ドン』という鈍い音が、振動と共にアパートに反響した。

階下に下りると、目の前は二車線の道路だった。国道と環状道路を結ぶ抜け道。夜でも交通量は少なくない。裸足で突っ立つ加賀谷に、車のヘッドライトが迫ってきた。頭が、クラクラした。

「うわああああああぁぁ」

吸い寄せられるよう、光に向かって加賀谷は走り出した。

ギリギリですれ違う車。加賀谷の足は止まらなかった。得体の知れない、恐ろしい亡霊が追いかけてくるような気がした。

逃げろ逃げろ逃げろ。全力で逃げても亡霊はすぐに追いついてくる。肩をつかみ、腰をつかみ、加賀谷を引き倒そうとした。

「やめろぉぉぉぉぁぁ」

必死で振り払ったときに、加賀谷は亡霊の顔をはっきりと見た。

「お前は……」

自分だった。加賀谷を追いかけてきていたのは、加賀谷自身だった。幻視として見えたわけではない。幻聴として何かが聞こえたわけではない。明らかだったのは、何かから必死で逃げている自分がいるということだった。

どれだけ走っただろう。呼吸が苦しくなり、加賀谷は立ち止まった。

道を走っていたつもりが、どこかの駐車場に迷い込んでいた。駐車場の端に、大きな古タイヤが一つ転がっていた。

加賀谷は、古タイヤの前まで行くと、その上にごろんと寝転がった。ぎこちなさを背中に感じながら、空を見上げた。

夏の夜空。晴れていたけど、星は見えなかった。

汗が流れて目に入る。目からも、また涙がこぼれ落ちた。

「このまま、死んでしまえればいいのに」

自分で死のうという意志はなかった。成り行きのままに命を落とすなら、それでいいと思った。そのまま加賀谷は、静かに目を閉じた。


朝日が、霧に溶け込んでいた。加賀谷は、眩しげに目を開けた。

そうか、僕は眠ってしまっていたのか。

古タイヤは熱を帯び始め、触れると少し熱かった。帰ろう。

芸人の道を進んでも、逃げ出しても、どっちも怖い。

「だったら、進もう」

歩きながら、加賀谷はそうつぶやいていた。

パパだったら、大丈夫《嫁と娘》

「益々の商売繁盛、家内安全を祈願して、よ〜お、」

『チャチャチャン、チャチャチャン、チャチャチャンチャン』

「よっ！」

『チャチャチャン、チャチャチャン、チャチャチャンチャン』

景気のいい三本締め。熊手を買った人を囲み、店の人や近くにいた人が祈願していた。

２０１１年11月、新宿の花園神社。夜になり、酉の市はさらなる賑わいを見せていた。娘が生まれたとき、新宿に住んでいたということもあり、花園神社の酉の市に赴き、夜店を見て回るのが家族の恒例となっていた。

「すごいね、あの人の熊手」

50歳過ぎの男性が持つ、ひと際大きな熊手。行きかう人は皆振り返り、ポカンと口を開け足を止めていた。

俺も例に漏れず眺めていると、嫁が袖を引っ張ってきた。

「ねえ、あんな大きい熊手、買えるように頑張ってよ」

「そ、そうやな」

「え、できないの？」

「いや、できるけど、あの熊手は会社のじゃないかな」

「え、できないの??」

「やります!」

いつもながら、手厳しい嫁だ。でも、何事もギリギリまで動かないという、のんびりした性格の俺にはちょうどいいのかもしれない。

神社の敷地内に、びっしりと露店が並んでいた。飾られる熊手にも隙間はない。隙間など開けようものなら、神の罰でも受けるのではないかと思えるほどだった。

美しく、見る者を惹きつける煌《きら》びやかな装飾。露店の裸電球に照らされた熊手は、厳《おごそ》かな輝きに満ちていた。

ここは夢の世界か。金色に、赤に白に緑にと、色とりどりの細やかな閃光が心を眩《くら》ませる。ややもすれば、光に足元を掬《すく》われてしまいそうだ。影など、どこにも見当たらない。悲しみや嘆き、妬みや嫉み、エゴや言い開きなど、どこにもない。それに引きかえ、今の俺はどうだ。影ばかりじゃないか。

いつまでたっても先行きが見えない。コンビとしての未来が見えない。影どころか、闇の中にどっぷりと浸かっているようだ。時折、問いかけてくる俺がいる。「お前はそれでいいのか。それで合っているのか」と。どっしりと構え、先を見なければならないというのに。俺は今のことを憂えてばかり。……何をしているんだ、俺は。

あちらこちらの露店から、「商売繁盛！」「商売繁盛！」と、威勢のいい声が上がっていた。芸人は個人商店。松本ハウスという商品を買ってもらわなければならない商売。復活してから丸2年過ぎたが、繁盛なんていつのことか。商売にすらなっていないじゃないか。

この場を離れれば、また影の世。混沌とした日常が待っている。考えると、何も楽しめなかった。せっかくの家族の時間。嫁と冗談を言い合ったり、娘と手をつなぎ歩いたりしているというのに。俺だけが、一人、浮いていた。

突然、娘が俺に聞いてきた。

「パパって、お笑い芸人なんでしょ？」

もう4歳になる。幼稚園にも通っている。娘は、俺の仕事がどんなものであるのかが分かるようになっていた。

「そうだよ。パパの仕事はね、人を楽しませることなんだよ」

「なんでテレビ出ないの？」

「そう、だね。パパ、頑張るよ」

「売れてないんでしょ」

「う、うん、よく知ってるねそんな言葉」

「しっかりしてよね」

「う、うん。頑張るよ」

頑張るとしか言えなかった。いつも「頑張ります」と言っている、相方になった気分だった。

「パパ……」

娘は不意に、つないでいた手を振りほどくと、俺の前に立ち止まり、じーっと目の奥を覗き込んできた。心の底を、見透かされているのかもな。4歳の娘にまで、俺は心配をかけてしまっている、寂しい思いをさせてしまっている。

苦い笑いを浮かべている俺に、娘は無邪気に微笑んだ。

「パパ、肩車！」

いくらでも、いくらでも。してあげられることは多くないが、望むことはできるだけ叶えよう。

「それっ！」

俺は勢い良く娘を持ち上げた。

「キャッ」という声を上げると、娘は俺の肩の上ではしゃいでいた。

「そうだよね。パパがしっかりしなきゃ、だよな」

唇を噛み締める俺の頭を、娘が手のひらでなでるよう、ポンポンとたたいてきた。

「大丈夫だよ」

「え？」

「パパだったら、大丈夫」

踏ん張らないと。家族のためにも、やっていかないと。

前向きでも、後ろ向きでも、関係ない。歩みを、止めるわけにはいかなかった。

なんでもやってみればいいじゃん《試行錯誤》

サンミュージックと業務提携をしてからも、試行と錯誤の日々だった。

いろんなお笑いライブに出演するも、加賀谷のミスは減らなかった。

女性客に向かって「お嬢さん」と指さすセリフがあった。余裕がなく客席が見えていなかった加賀谷が「お嬢さん」と指さした先には、髭の生えた男性客が座っていた。

「男やろ！」

ツッコミを入れると笑いにはなったが、加賀谷は間違えを引きずった。

焦るあまり、慌ててセリフを吐くため感情が乗らない。タイミングが早かったり、遅かったりと間が安定しない。客席の期待感が引いていく。加賀谷の気持ちも引けていく。うつむきながらのボケ。うまく笑いを取れない哀しさを、加賀谷は表に出してしまっていた。

だからと言って、すべてが悪かったわけではない。

大きくうけることもあった。その差がどこにあるのかを探ってみると、一つの答えが導き出された。

松本ハウスを知っていて、かつ、好意的に受け入れてくれるお客さんの前では、自信たっぷりに大きな笑いを取ることができる。逆に、加賀谷を知らないお客さんの前で、「誰?」と、見定められてしまうと、もしくは加賀谷がそう感じてしまうと、とたんにミスを連発した。

知っている人が多いと安心する。知っている人が少ないと緊張する。ありきたりのことだが、加賀谷はお客さんの感情に、極端に流されてしまっていた。

「どうしたらええやろな」

サンミュージックと提携してからもうすぐ1年という頃、俺は嫁に泣き言を吐いていた。

「なかなか良くなんなくて」

「ネタのこと?」

「うん。加賀谷がやりやすいパターンを選んでるんやけどな」

「ふ〜ん」

同調するでもなく、否定するでもなく、嫁は俺の言葉を聞いていた。

「やれることをやっていこうとしてるけど、やれることが安定せえへん」

なかなか伴わない結果に、やっていることへの自信も揺らいでいた。

「何があかんのかな」

「難しいこと、やろうとするからじゃないの」

嫁の、何気ない一言だった。

「そんな難しいこと……」

していないと返すつもりだったが、俺は言葉に詰まった。

俺には難しくなくても、加賀谷には難しいのかもしれない。やっていることは簡単でも、難しいことだという認識ができてしまっているのかもしれない。いろんな角度から、感触をつかんでいかなくては。

「そっか」

絡まった糸がほどけ始めた。

俺自身が、こうなるはずだという概念に固執してしまえば、加賀谷も固執してしまう。いつまでたっても変わらない原因がここにあるのかもしれない。

囚われてはいけない。正しいと信じてきたものを疑ってかからないと。

俺は、常識と経験を捨て去ることにした。

ライブが終わったら、できなかった箇所をダメ出し。鉄は熱いうちに打てとばかりに、体が覚えているうちに直しを入れる。

ただの常識だった。

いくら、すぐに修正しても、時間がたてば元通り。ということは加賀谷の場合、すぐに修正することは、それほど大きな意味を持たないということになる。

それより加賀谷の中で、またダメだった、また迷惑をかけたという思いが蓄えられてしまう。そのほうがマイナスだった。

なるほど。

「ありがとう」

俺は嫁に感謝を伝えた。

「なに?」

何に対してなのか、よく分からなかったみたいだが、俺の気持ちが吹っ切れたことを嫁は見通していた。

「なんでもやってみればいいじゃん」

「うん。ちょっと、こっちが変えてみるわ」

芸人にこだわるあまり、加賀谷を芸人という枠にはめようとしていた。気づかないうちに、芸人はかくあるべきだという観念がこびりついていた。加賀谷は加賀谷でしかない。良さも悪さも、全部ひっくるめて加賀谷という人間だ。

数日後、四畳半の稽古場。ネタを練習する際に、加賀谷に告げる。

「ネタでも、トークでもそうやけど、できなかったら『できません』でええよ。忘れたら『忘れました』って言ってええよ」

「忘れないように頑張ります」

「いやいや、それのほうがおもろいから」

「え？」

「正直に言うたほうがおもしろい」

「お客さんの前で言っていいんですか？」

「そやな。『え、僕に何を期待してるんですか？　僕ですよ、僕』で、ええんよ」

できない自分を認めること。今の自分を受け入れること。本当の意味での出発点はそこにある。俺は、加賀谷が自分と向き合えるよう、ネタへの取り組み方を変えていった。具体的に、より具体的にと。

「台本覚えるの、だいたいでええよ」

加賀谷は、セリフという言葉に囚われている。前々から、セリフは自分の言葉に直していいとは言っていたが、改めて念を押した。

「セリフを間違えたらあかん、失敗しないようにって思ってるやろ」

「思いますね」

「それ、なくそ」

「ええ」

「『間違えたらいけない』って思いに縛られて、逆に間違えてしまってるわ」

加賀谷も頭で理解はしていたが、できない自分を他人に見せることに躊躇があった。できないことをバカにされるという恐怖。本当はできるんだというプライド。できない自分をさらけ出したことがないため、その見せ方が分からないでいた。

だからこその、具体策だった。

「セリフはニュアンスでしゃべってくれたらええよ。こっちで合わせるから」

次の月には、台本に書かれたセリフを大きく減らした。

「段取りだけ書いといたわ。お前の体験した話をネタにしたから、トークのつもりでしゃべってみよか」

さらに次の月。

「きっかけだけ書いといたわ」

そしてあげくには、

「台本なくすわ。書いてあると、どうしてもそこに執着してしまう。稽古をしながら体で覚えていこう」。


縛られる言葉が存在しない。劇薬かもしれないが、これは効果があった。

徐々にではあるが、ネタがスムーズに運び始めた。言葉の前の空白も消え、自分の言葉でしゃべるため、感情も乗りやすくなった。できないことはまだまだ多かったが、できることが見つかっていった。


加賀谷へのダメ出しも徐々に減らした。本人には言わず、ダメ出しをなくしていった。

「今日は疲れたな」

「ま、今日はこんな感じかな」

その代わり、二人で共有する言葉を増やしていった。

同時に、思い描いた笑いが作れないことへの苛立ちを、一切合切ゴミ箱に投げ込んだ。

イライラすれば、そのイライラは自分に返ってくる。

それなら、最初の苛立ちを持たなければいい。それで、加賀谷のプレッシャーが減るならそのほうがいい。

とは言うものの、プレッシャーを強く感じる場面では、相変わらずのぎこちなさを露呈していた。

ダメだよ加賀谷くんのせいにしちゃ《ネタ見せ》

ネタ見せ。芸人が第三者にネタを見せ、直すべき点を指摘してもらう場。GETライブに出演するためには、ネタ見せに参加しなくてはならなかった。

サンミュージックのネタ見せでは、毎月違った放送作家が招かれダメ出しをしていた。

「もっと加賀谷さんの動きを活かしたほうがいいんじゃないですか」

人物は違うのに、同じことでよくダメ出しをもらった。加賀谷のキャラをよく知っているからできる、ありがたいアドバイスだった。

だが、加賀谷は動けなかった。

俺も復活当初は動きを入れていた。右に左に、前に後ろに。時にはコミカルな動きを入れたが、頭の中でまとめることができず、加賀谷は混乱した。思考と行動が一致しない。セリフを言おうとすると、両足はどっしりと地面に根を下ろした。頑張って動いてもらおうとすると、言葉や状況判断にミスが出た。

一度にやらなければならないことは少ないに限る。できれば一つがベストだった。ネタの中での動きは、極力抑えざるを得なかった。

加賀谷がもっとも苦手としたのが、このネタ見せだった。

批評のまなざしに晒されると、慣れたネタでさえ余裕は消し飛んだ。ガチガチに緊張し、ただでさえ動かない体が、さらに固まった。

できることは増えてきてはいたが、ネタ見せがスムーズに運んだ記憶はほとんどなかった。苦手意識ばかりが先行した。

そんな折、かつての先輩芸人で、放送作家に転身していた人物が、ネタ見せに招かれていた。

事務所に行くと、大関が俺を呼び止めた。

「キックさん、今日の作家さん、森さんですよ。仲、良かったですよね」

「え、ほんとですか！」

森さんは、松本ハウスをデビュー当時からかわいがってくれた先輩、芸人で言うところの『兄さん』だった。

かつては、森さんのコンビが主催するお笑いライブに、レギュラーとして出演させてくれたり、遊びにもよく誘ってくれたりした。オアシズの光浦や大久保と引き合わせてくれたのも森さんだった。その森さんの前でネタを見せるとは。

妙な緊張感。どちらかと言えば、嫌なシチュエーションだった。心の奥底まで、丸裸にされるんじゃないか。背中に汗を感じながら、俺と加賀谷は、ネタ見せをしている場へと足を踏み入れた。

事務所の一室。四十畳ほどのスペースに、長机が3台。両端の2台はマネージャーの席と、記録用のカメラ席。森さんは、その間、真ん中の席に座っていた。俺は森さんを認めると、挨拶をした。照れくさかった。

「兄さん、よろしくお願いします」

「次は君らか。今日、よろしくね」

もう一度、お願いしますと頭を下げる。隣で加賀谷は、「頑張ります！」と勢い込んだ。

「加賀谷くんも元気そうだね。じゃあ、さっそく見せてもらおうかな」

森さんの合図と共に、ネタが始まった。新ネタの漫才。持ち時間は3分。かけ合いともなれば、瞬くほどの分数。無心で、稽古してきたことをやるまでのこと。

スタートすれば、これまでのネタ見せと同じだった。森さんに対する妙な緊張は消えていたが、ネタをやるという緊張が加賀谷を惑わした。セリフのミスや、大きく間が空くことはなかったが、ぎこちなさは瞭然たるものだった。

恥ずかしいものを見せてしまった。けれども、これが今の松本ハウスだ。昔をよく知る森さんは、さぞがっかりしたことだろう。

俺はどこかで、なぐさめの言葉を求めていた。行き詰まり、進むことも戻ることもできないでいる。うまくいかないことへの言い訳がしたかった。

「けっこう、悩んでますね」

俺は森さんに甘えようとしていた。

「なかなか、昔みたいにできなくて」

加賀谷も自分も現状を打ち明ける。変わり果てた自分に、同情をしてもらおうと。そんな俺たちに森さんが返した言葉は意外なものだった。

「そうかな。加賀谷くんは前からそんな感じだったけどな。たいして変わってないと思うよ」

憑《つ》いていたものが落ちたような気がした。

俺は知らず知らずのうちに、また、あの頃の幻影を追いかけてしまっていた。膨らんだ良い頃のイメージに近づけようとしてしまっていた。

きょとんとする加賀谷を見て、森さんは笑っていた。加賀谷はどんなときでも加賀谷のまま。問題があるのは、俺のほうだった。

「キックくん、ダメだよ加賀谷くんのせいにしちゃ。加賀谷くんは、良くも悪くもこのままの人なんだから」

ぐさりときた。俺しだいでなんとでもなる。俺の振る舞い一つでなんとかなる。原点に帰れと言われているようだった。若かりし頃、森さんからもらったアドバイスを思い出した。

『うければ加賀谷の手柄。外せば俺の失態』

加賀谷を活かすも殺すも俺にかかっている。加賀谷が活きれば俺も活きる。松本ハウスが活きる。コンビのバランスとして、土台となる言葉だった。

ぶっちゃあさんやリッキーさんに言われていたことも頭をよぎった。キック、お前がしっかりしろ。ツッコミの切れが鈍ってるぞ。お前がもっと引っ張れ。同じことだ。同じことを俺に教えようとしてくれていた。

多くの先輩が、見てくれている。目の前にいるのも、放送作家の森さんではない。松本ハウスの先輩である、森さんだ。

「そうですね。ほんと、そうですね」

先輩の言葉に、腹の底からその通りだと思った。すべては、俺しだいなんだと。

ネタ見せは、トータルで10分程度の短い時間だったが、それまでの積み重ねが凝縮されたような最高に濃い10分間だった。

「心配ないでしょ。加賀谷くんのことはキックくんが一番よく知ってるんだからさ」

お笑い界の今の流れは気にしなくてもいい。自分たちがおもしろいと思うことをしていくのが一番いい。森さんは、最後の最後まで俺に念押しをしてくれた。

森さんの言葉を、加賀谷がどう聞いていたのかは分からない。また、自分が俺に迷惑をかけていると、責めていたのだとは思うが。それでも感じるところはあったのだろう。森さんが加賀谷にも、他に何かあるかと尋ねた。加賀谷は大まじめな顔で返事をした。

「はい！　今度、おいしいものをおごって下さい！」

「ネタと関係ないじゃん」

笑いに包まれたネタ見せは初めてだった。


帰り道。加賀谷と話す俺の声は弾んでいた。

「びっくりしたなあ、森さんがいて」

「緊張しました」

「最初は変な感じしたけど、なんか良かったわ」

「僕の中で、昔の自分が美化されちゃってたんですね」

「前と違う、全然できてないと思っていたのは、自分らだけやったのかもな」

嘘でも本当でも、どちらでもよかった。変わってしまったと嘆き、過去を羨んでいたことに気がつくことができた。

もしかすると森さんは、悩む俺たちを見て、あえて「変わっていない」と言ったのかもしれない。仮にそうだとしても結局は同じこと。俺も加賀谷も二人とも、また、過去に囚われてしまっていた。

そして俺が、加賀谷以上に過去の松本ハウスと比べてしまい、舞台上での加賀谷の一言、一言を気にしすぎていた。加賀谷が良くなるようにと、フォローばかりを考えすぎていた。それが加賀谷にとって、もっとも大きなプレッシャーとなっていたのだ。

良いところも、悪いところも見せていこう。加賀谷を根っこから、信じていこう。俺は加賀谷に、これまでの誤りを詫びていた。

「悪かったな」

「何がですか？」

「なんでもないよ」

進んでいる道に、光が見えた気がした。

兄さん、ありがとうございます。

森さんのアドバイスは、大きな後ろ盾となった。

舞台上での加賀谷に対するスタンスが決まった。良きにつけ、悪しきにつけ、加賀谷という人間を楽しもう。これで足元は固まってきた。後は、できないことをどうしていくかだった。

やってきたことは間違っていない。加賀谷の可能性を伸ばそうと、常識はかなぐり捨ててきた。だがそこに、慣れという落とし穴が生じていた。

漫才やコントの練習もその一つ。台本をなくしたまでは良かったが、いつからか口頭で作ったネタを、形として覚えていた。それでは台本があるのに均《ひと》しかった。

覚えたセリフを、本番で間違わないよう稽古する。俺は、この常識的な流れを封印しようとした。取り組んだのは、覚えたネタを忘れる練習だった。セリフとして稽古をした後に、セリフを言葉にせず、音としてやりとりした。

俺が、「あにゃにゃにゃにゃ〜」と振ると、加賀谷が「はにゃんにゃんにゃんにゃ」とボケる。俺が「むにゃあややあ〜〜」とツッコむと加賀谷が「にゃにゃむにゃにゃ〜」と返した。はたから見たらバカバカしい練習方法だったが、頭に入れるのは、話の概要だけで良かった。

「リズムだよリズム。大事なんは会話のリズムだよ」

言葉に縛られるなら、言葉から逃げよう。感情はしっかりと擬音に乗せ、体に会話のリズムをたたき込んでいった。

そして、何よりも大切なことがこれだった。

「もっと膝を柔らかくして」

「硬いですかね」

「硬いなんてもんちゃうな」

「どう動いていいのか分からなくて」

「お前、膝が硬かったら、笑いは取れへんよ」

「え⁉」

「笑いは膝で取れ」

「そうなんですか？」

「知らん、知らん」

加賀谷の体の緊張をやわらげたかった。足元が固まってしまったら全身が石像のように固定されてしまう。膝の硬さはそのまま、体の硬さ、言葉の硬さに直結する。

シンプルに、シンプルに。これまで以上に、シンプルに。

一つ、また一つと、俺は不安のタネを解きほぐしていった。

人は、失敗を恐れてしまう。当たり前のこと。加賀谷もまた失敗を恐れていた。失敗してはいけないという思いは、失敗するのではないかという強迫観念に結びつく。ビクビクしながらのアクションでは、失敗するのは明らかだった。

技術的なことは後回し。セリフの心情的なことも後回し。俺はまず、そもそもの、考え方の根本を変革し、何をするのかをはっきりさせていった。

『もっともっと、失敗をすればいい』

失敗の免疫をつけてしまおう。免疫をつけて失敗のダメージを減らすようにしよう。失敗のパンチドランカーか。段階として、それもまたいいかもしれない。

もちろん、失敗しないように稽古はする。稽古して、失敗しないように準備をし、その上で大いに失敗をしてもらった。

矛盾しているように感じるが、極めて順当なことだった。

「頼む」

俺は、加賀谷に頭を下げていた。

「頼むから、失敗してくれ」

「え？」

戸惑う加賀谷。

「ネタ中とか、どんどん間違えてくれ」

「え、あ、はい」

「ネタを忘れたら忘れたでええ。『忘れました』『あれ、なんの話でしたっけ？』って、開き直ってその場で聞いたらええ」

俺の言わんとしていることを、加賀谷も察した。

「キックさんが、前から言ってることですよね」

「そう、それや」

「あの、言うのはキックさんにですか」

「俺でもええし、お客さんでもええ。お前にしか見えない誰かでもええ。何かしらのアクションがほしいんよ」

「そうですね……」

「何もしない、止まってしまう、ごにょごにょっとフェードアウトしていくのが一番悪い。何か動きを起こしたら、何かは生まれる。何かが生まれたらこっちのもんや」

次への展開が可能となった。

「失敗しなきゃ俺は怒るからな」

「あ、はい。分かりました。頑張って、失敗します！」

「良かったなあ、お前。間違えてくれなんて誰も言うてくれへんよ」

「ありがとうございます！」

笑った。二人とも笑っていた。

解決はしていなかったが、進む方向が定まった。

失敗は、チャレンジ、トライしていることの裏返し。できる、できないは後のこと。まずは、思い切ってやってみること。俺は加賀谷が迷わず失敗のできる環境を整えた。

「とりあえずやってみるか」

「とりあえずやってみます」

それが、松本ハウスの合言葉になっていった。

完全に僕のバーターですからね　《テレビ出演》

テレビでは、なかなか結果を残せないでいた。出演機会も少なく、出演しても期待されたパフォーマンスを示せなかった。

ある夜、大関から電話が入った。

「キックさん、すいません夜遅くに」

「何かありました？」

「加賀谷さんなんですけど、体調とか問題はないですかね？」

「今は安定していますよ。それが何か」

「そうですね……」

濁した言葉に、大関の悩みが感じられた。

「実は、局に松本ハウスの話を持っていくんですけど、けっこう言われちゃうんですよね」

「何てですか」

「『加賀谷さんは、大丈夫なの？』って」

予想もしていなかった。精神科の患者である加賀谷。今は安定しているが、突然、悪化や再発はしないのか。そこまでいかなくても、急に叫んだり、落ち込んだり、暴れたりしないのかということだろう。

病気を知らないがゆえの偏見であることに違いはなかったが、何かあれば大変だし、現場も困る。制作だけではなく、他の出演者やスポンサーもいる。バッシングやクレームもある。リスクを考えると、使う側としては、どうしても二の足を踏んでしまう点だった。

「『大丈夫ですよ』って言うんですけど、あんまりいい返事はもらえなくて。復活したということで、食いつきはあるんですけどね」

「そうですか」

「なかなか、厳しいですね」

病気のせいにしたくはなかった。仮に病気が考慮されたとしても、松本ハウスに、安心して使ってもらえる信用があればいいだけだ。「ぜひ使いたい」と、言ってもらえるだけの力も伴っていなかった。

深夜のバラエティ番組で取り上げられたことがあった。トークにロケVTR、大きく時間を割いてもらえたが、最後に披露したネタで、加賀谷がセリフを忘れてしまった。微妙な空気が流れるスタジオ。オンエアではネタのコーナーが丸々カット。最初からないような構成に編集されていた。

この時期のテレビ出演を、加賀谷は未だに本意でないと思っている。

「普段からふわふわした状態で、出たときのこともよく覚えていないんです。それが悔しくて」

信用もない。再び世に打って出るパワーもない。松本ハウスはまだ、すべてが足りていなかった。

そんな状況の中、出演オファーをしてくれた番組があった。

『バリバラ』

NHK Eテレで放送している障がい者のための情報バラエティ番組。NHKの福祉番組の一つだが、従来の福祉番組とは一線を画している、もとい、一線を超えている画期的な番組だった。

身体障がい、知的障がい、精神障がい。感動や美談で、障がいをコーティングするのではなく、障がいと障がい者を、世にあるもの、社会に生きる者としてありのままに伝えていく。常にテーマを投げかけ、共に考えようとしていく。バリバラには、スタッフや出演者の情熱が、笑いと共に注がれていた。

加賀谷を信じ、加賀谷を使ってくれる。精神障がいを持つ者として、芸人・ハウス加賀谷を求めてくれる。統合失調症だと分かれば、芸人として笑えなくなるという声もあるが、生き様を見せるのも芸人だ。精神疾患があることはカミングアウトしていたが、初めてテレビで、加賀谷が統合失調症であることを公表した。

バリバラに出演した直後、番組のことをライブで話した。

「普通、紹介のテロップって、松本ハウス・ハウス加賀谷って入るんですけど、バリバラは一味違ったよな」

「すごいですよ。ハウス加賀谷の前に病名が入るんですよ。だから僕の芸名は『統合失調症・ハウス加賀谷』なんです」

うけた。会場も加賀谷の病気を受け入れてくれていた。

「ほんと、知らん人が見たら、『統合失調症』っていうお笑いコンビがいるみたいやもんな」

「キックさん、いっそコンビ名変えましょうよ」

「なんでや」

「でも、キックさんも出てるんですけど、この人、完全に僕のバーターですからね」

バーターとは、誰かの抱き合わせで出演するという業界用語。

「俺は、患者のバーターで出る唯一の芸人だよ」

普通のこととして、笑いになった。

準レギュラーとして出演するようになった『バリバラ』だが、あるときの放送で、統合失調症の症状を取り入れた漫才を披露することになった。ネタの中盤、加賀谷がセリフを忘れその場でカバー、そこからはアドリブを交えネタをやりきった。笑いにもなった。こちらから言うまで、間違えたことには気づかれなかった。番組にもそのまま最後まで参加した。

収録終了後、プロデューサーが気をつかって提案してくれた。

「どうします？　ネタの部分だけ撮り直しましょうか？」

嬉しい気づかいだったが、俺は断りを入れた。

「そのままでいいです。これが今のうちらなんで」

プロデューサーの答えは早かった。

「分かりました。では、そうしましょう」

松本ハウスを理解してくれている。ありがたい。

新しい章が始まったんです《出版》

再結成から3年が過ぎた頃、加賀谷の心境に変化が訪れた。

「あれでいいんですね」

ネタを忘れた際、加賀谷から出た「なんの話でしたっけ？」という言葉。忘れたときは、すぐに言うようにと言ってあったものだったが、なかなかその一言が出せていなかった。

間違いを認めたくないというプライドも多少はあったが、間違えただけで焦ってしまい、冷静な判断ができなかった。ネタにもないことを、とっさに思い出すこともできない。俺は、その言葉をネタの中に組み込んだ。その一言が、笑いになった。笑いになったことで、正解だと気づくことができた。

一つ気づけば、一つ対処ができる。もう一つ気づけば、もう一つ対応ができる。

「ようやく、今の自分でいいと思えるようになってきました」

100パーセントとはいかないまでも、今がいいと思える時間が増えること。それによって、気持ちの余裕が生まれ、今までより広く、物事を見ることができるようになっていく。加賀谷が、できないという現状を受け入れると、できなかったことができるようにもなっていった。

セリフにも感情が乗り、簡単な台本ならすぐに暗記することができた。

「服用している薬の種類、量は同じなんですけど、より、クリアになってきてるんです」

失敗の経験値が、人生の経験値として活かされていた。失敗を続けているうちに、成功する部分や、新たに発見する部分があった。小さな成功や発見の積み重ねが、加賀谷の自信となり、俺の楽しみにもなっていった。

「芸人になって、入院するまでをA。入院し復活するまでの10年間をB。復活後は再び芸人をやっているんですけど、それはAに戻ったのではなく、Cという新しい章が始まったんです」

加賀谷は、今の自分を受け入れ、新しい自分に価値を見出していた。俺も同じく、相方と、松本ハウスの現状を受け入れていった。

100パーセントじゃなくていい。受け入れるパーセンテージが上がればいい。

どんな自分でも、自分なのだから。

講演会の依頼を受け始めたのも、この頃からだった。それ以前にも話はあったが、見送らせてもらっていた。地に足がついていない。自分たちの足元が固まっていないのに、誰かに語るなど分不相応だと考えていた。

講演会場に行けば、そこには必ず現地で暮らす当事者がいた。家族や、支援スタッフ、医師や看護師、町の福祉課で汗をかく人がいる。時間が許せば、講演会開始前や終了後にお茶をしたり食事をしたりもする。直接触れ合うことは貴重だった。

3年連続で声がかかった自治体もある。神奈川県相模原市。一度目は、松本ハウスの話のみ。二度目からは当事者のみんなと一緒に舞台に立った。松本ハウスの話を聞き、それまで自分を出すことを拒んでいたみんなが、自分は自分でいいんだと、自らを表に出すようになった。

2年目、会場の最寄り駅まで出迎えてくれた担当者が言った。

「今年はみんな、パワーアップしてますよ」

驚いた。驚いたが、嬉しかった。

症状に関する大喜利や、妄想デートの発表など、年によって違った試みをし、共に笑った。共に楽しんだ。福祉課の職員の方も、一緒に笑い合った。

講演会は、どこであっても、加賀谷にとって大切な時間となった。自分を顧みることができる。同じ苦しみを、共に分かち合うことができる。前に進む勇気を分かち合うことのできる場となった。

俺にとっても、講演会は大きな財産となった。様々な立場の人から、統合失調症に関する情報を得ることで、さらに深く相方を知ることができた。相方だけでなく、当事者の心に、触れることができた。

統合失調症というだけで、世間から偏見の目で見られてしまうが、当事者やご家族には、優しい人、温かい人、まじめな人が多いということがよく分かった。

みんなが笑って過ごせるよう、みんなの代弁者として、発言できるところでは発言していこう。俺も、触れている者の一人なのだから。

芸人として、講演会は『あり』か『なし』かと、受ける前は正直迷ったが、それもすぐに吹っ切れていった。外からどう見られようが関係ない。松本ハウスは松本ハウスだ。人がいて、笑いがある。そこにはなんら隔たりはないのだから。

松本ハウスの仲間に、統合失調症が加わった。

テレビやラジオへの出演、イベントや講演会、活動の範囲が広がっていくと、また新たな話が舞い込んできた。

「キックさん、松本ハウスで本を出さないかという話が来ているんですけど、どうしましょうか」

事務所で取材を受けた帰り、大関から話があった。

統合失調症と付き合ってきた加賀谷の半生を描き、コンビを組む俺の視点も入れたい。趣旨には素直に賛同できた。

復活してから、書籍の話も何度かもらってはいたが、講演会と同じ理由で断っていた。が、タイミングが良かった。

加賀谷も、大きく崩れることはなくなった。ネタでもうけることが多くなった。松本ハウスとしての道筋も見えてはきている。何より、編集者の熱意が決め手となった。

「断る理由はないよな」

「僕もいいと思います」

加賀谷も書籍出版には前向きだった。

編集者とも打ち合わせを重ね、最終的に文章は俺が書くこととなった。加賀谷から聞いた話をまとめ上げ、加賀谷の一人称として物語にする。俺のことや、俺の視点からの話も添え、松本ハウスの歩みとして執筆した。

２０１３年８月、『統合失調症がやってきた』が、イースト・プレスから出版された。

書籍は、ニュース番組や新聞、雑誌にと、様々なメディアで取り上げられた。本を通して、今のハウス加賀谷を知り、松本キックを知り、松本ハウスを知ってもらえた。加賀谷は一例にすぎないが、世間と統合失調症を結ぶ橋渡しにもなった。

俺は、嫁と娘を伴って、新宿の紀伊國屋書店や、渋谷のブックファーストをこっそり訪れた。大好きな街、神保町の三省堂書店にも足を運んだ。平積みにされた松本ハウスの本。感激だった。

娘が、積み上げられた本の前で不思議そうな顔をしていた。

「パパの本、いっぱいあるね」

「そうやろ。いっぱい置いてあるやろ」

ちょっとは娘に自慢ができたか。と、思った矢先だった。

「売れてないんだね」

ほとんど売れ残っている。娘の解釈は残酷だった。

「これから減っていくから！」

『統合失調症』という文字が大きくデザインされたその表紙。隣にはＥＸＩＬＥの本が並んでいた。すごいことだ。

出版を境に講演会も増え、松本ハウスは全国各地を飛び回るようになっていった。

潤くんはちゃんとやってますよ《母》

札幌での講演会。帰路。雪のため、新千歳空港で足止めをくらった。

猛吹雪の中、なんとか空港まではたどり着いたが、予定の便は大きく遅れていた。

人であふれかえる空港内。ベンチシートの空きはなし。そこかしこに人がいて、憤懣《ふんまん》、嘆息を覗かせ、疲労のあまり地べたに座る人も少なくなかった。

俺と加賀谷は、人の群れからはぐれるよう、誰もいない壁際を見つけ、もたれるように突っ立っていた。

「うん、分かったから。うん、大丈夫だから」

加賀谷が誰かと電話をしていた。

「今、空港だよ。キックさんと一緒。そう、講演会」

気をつかっているような、いないような、ぶっきらぼうな口調。相手が誰であるかは容易に察知できた。

「ちょっと待って。分かったから、キックさんに出てもらうから」

俺とつないでほしいと言っているようだ。母さんが挨拶したいって言ってて」

「キックさん、すいません。母さんが挨拶したいって言ってて」

「ええよええよ。俺も挨拶しときたかったし」

「すいません、ありがとうございます」

俺の返事を受けると、加賀谷は「キックさんに代わるから」と母親に伝えた。

「お電話代わりました、松本です」

「松本さん、いつも潤がお世話になっています」

何年ぶりかに話す加賀谷の母親。以前と変わらず、声から明るさがにじみ出ていた。

「いえいえお母さん、こちらこそ、ご挨拶が遅れて申し訳ありません」

「私も、松本さんに挨拶しなければと思っていたんです」

「また、潤くんと二人で頑張らせてもらっています」

「ほんとに、潤が迷惑かけてないか心配で」

「全然大丈夫です。潤くんはちゃんとやってますよ」

「ありがとうございます。松本さんのおかげです」

「そんなことないです。潤くんの頑張りですよ」

俺と母親の会話に、落ち着かない加賀谷。口を挟むことはなかったが、俺の周りをウロウロとしていた。

「では、潤くんに代わりますね」

「これからも潤のこと、よろしくお願いします」

「こちらこそ、今後ともよろしくお願いします」

電話口で、俺は軽くお辞儀をし、電話を加賀谷に戻した。

「うん、うん。分かったから。また連絡するよ。寒くなってきたから、母さんも風邪ひかないようにね。じゃあ」

俺も自分の親には心配しかかけていない身。田舎で一人暮らしをする母親は、さぞ寂しい思いをしていることだろう。家に帰ったら電話をしよう。できるだけ実家にも帰るようにしよう。田舎は遠いが、短い時間でもいい。顔しか見せられないが、顔は見せることができる。いつか孝行できるようにしないとな。

「すいません、キックさん」

電話を切った加賀谷が、申し訳なさそうに頭を下げた。

「お母さん、愛情たっぷりやなあ」

「はい」

照れはあるものの、加賀谷は母親と正面から向き合えるようになっていた。

「次のライブ、ちょっとだけ親のことも話すかな」

「いいですよ」

「笑えるネタ、いっぱいあるやろ」

「あります！」

加賀谷の母親と話せたことで、松本ハウスは、また一歩前に踏み出せた。

死にたいという欲求は誰もが持つものなんでしょうか《精神科》

「先生、先生の診察を受けさせて下さい」

講演会などでお世話になったある精神科医に、俺は受診できないかと相談してみた。

加賀谷が20年以上も通う精神科はどんなところなのか。俺の相方は普段、どんなところで、どんな診察を受けているのか。いくつかの精神科病院を訪れたことはあったが、講演会の際に院内を案内されただけ。本来の姿を俺は知らなかった。

もう一つ、目的があった。かつて俺自身が考えてしまっていた『死を選択する意志』、そのことについて専門的立場からの意見を聞いてみたかった。

「では時間を空けておきますから、予約の電話だけ入れておいて下さい」

「無理を言ってすみません」

患者さんを差し置いて申し訳ない、忙しいのに申し訳ない。快く引き受けてくれた先生の時間は、無駄にしてはいけないと思った。

受診当日。午前10時。俺は、都心から下る電車に乗っていた。出勤ラッシュは過ぎたというのに、すれ違う電車は満員だった。

「俺は世の中と反対方向に進んでいるんだな」

初めて受診する精神科。緊張のせいか少しナーバスになっていた。

先生には言っていなかったが、俺にもまだ精神科に対しての偏見があるのではないかと、自分を疑っていた。『精神科は怖いところ』『普通の病院じゃない』世間が持つ精神科のイメージ。それと同じようなものが、俺の中にも残っているかもしれないと。

物理的に何かが怖いというのではない。雰囲気として怖い。どんなことをされるのだろうという、何も知らないからこその怖さだった。

病院に到着。受付を済ませ、自分の番号が呼ばれるまで、待合室の椅子で待つ。ゆっくりと待合室を見渡した。

「全然、違うなあ」

重く張り詰めた空気。苦悶の表情を浮かべている人が多く、ほとんどの人が大変な思いをして診察を待っている。勝手なイメージだった。

「なんだか、落ち着くな」

その場で薬を飲むなど、辛そうな人は確かにいたが、それは他の病気でも同じこと。清潔に整えられた空間。ゆったりと流れる時。そこは、俺が想像していた待合室ではなかった。

これも偏見の一種だろう。俺は素直に反省した。

しばらくその場で待ち、診察室へと入る。

「どうぞ、おかけ下さい」

勧めに応じ、椅子に座る。

「待合室とかどうでした？　ここは公立の病院なので味気なかったでしょ」

先生が冗談交じりに笑顔で迎えてくれた。

「いえ、落ち着けました」

「でもクリニックなどでは、リラックスできるようにと、ソファがもっと豪勢なところもあるんですよ」

緊張をほぐそうとしてくれている気づかいにホッとさせられた。

最近の加賀谷のことなどを話した後、先生が、通常時における診察の流れを教えてくれた。

初診の場合は問診票を書き、待合室で待つ。順番が来て診察室に入る。出しておいた問診票を見て、医師が質問をする。

「書かれた内容を吟味して、最初に、『うつ病かな』『統合失調症かな』と、なんの病気なのか当たりをつけるんです」

眠れていますか。変わったこと、困っていることはないですか。それはいつ頃からですか。など、日常的に起こっている出来事を聞き出し診察は進んでいく。

初診は少し長めに話を聞くことになるが、通常は5分から10分。ドラマや映画で精神科医が患者の話をどっぷり聞くシーンがあるが、実際はあまり見られる光景ではなかった。患者の数に対し、医師が足りていない。話を聞くのは臨床心理士の役割だが、そちらもまだ足りていないというのが現状だった。

「これが電子カルテです」

「そこに、症状などを打ち込んでいくんですね」

「よくいう、患者の顔を見て話さない医師というのは、この電子カルテとにらめっこしてるんですね」

医師と信頼関係が築けないという声は、患者サイドからよく聞いていた。あまり、じっと見られても嫌だとは思うが、まったく顔を見ないのでは安心できない。話を聞いてほしい。それが患者の切なる要望だった。

「何か、聞きたいことなどはありますか」

先生の問いかけに、かつて俺自身が死を考えたことについて聞いてみた。

「死にたいという欲求は誰もが持つものなんでしょうか」

先生は優しく、諭すように答えてくれた。

「すべての人にあるということではないですね、持つ人もいる」

「必ず通る道ではないと」

「質より量の問題になってくるんですね」

「量、ですか」

「結果がどうなるかは、死にたいと思う量に委ねられることが多いですね」

同じ『死にたい』という欲求でも、量が少なければ実行する確率は低くなる。そういうことだったのか。納得はできたが、分からないこともあった。

「どうして死にたいと思ってしまったのかと考えても、これだという答えが見つからないんです」

「それを自分の中で問い続けるといいかもしれませんね」

「自分にですか」

「すぐに答えは出なくとも、いつかきっと腑に落ちるときが来ると思いますよ」

答えは自分の中にある。問うこと、そして続けること、それが分かったことが大きかった。

「先生、今日はありがとうございました」

話を聞いて良かった。精神科病院についても、触れなければ何も知らないままだった。病院やクリニックによっても違うが、怖いというイメージは幼稚な幻想だった。

しんどいなと思ったら、心持ちがいつもと違うなと感じたら、精神科や心療内科に行ってみればいい。診察を受けるのは悪いことじゃない。おかしなことでもないし、ごくごく当たり前のこと。

何もなければ安心を得られるし、何かあれば治療を始めることができる。どっちに転んでも損はない。歯が痛かったら歯科に行く。お腹が痛かったら内科に行く。心が痛かったら精神科に行く。もっともっと、精神科の敷居も低くなればいいのだが。

病院の外に出ると、青空が広がっていた。澄んだ空を見上げていると、加賀谷のよく言う言葉が浮かんできた。

「世の中捨てたもんじゃない」

本当だと思った。

ナチュラル・カウンセラーですね《講演会》

講演会の仕事が増えるにつれ、俺の役割も重要であることに気がつき出した。障がいと世間を結びつける役目。ほとんどの人が、障がいを詳しく知らない。俺も元々は何も知らなかった。

「松本の役割って、すごく大事だよ。当事者と接する人間として、どう接してきたのか知りたいもん」

エイメイさんも言っていた。

「キックの存在は重要やからな。ある意味、加賀谷より重要やぞ。って、プレッシャーかけとくわ」

リッキーさんも同じことを言っていた。医師やソーシャルワーカーなど、幾人もの医療関係者が、加賀谷に接する俺のスタンスを認めてくれていた。

医学専門誌から、論文の依頼も受けた。統合失調症の回復過程を、仲間という立場から書いてほしいということだった。加賀谷は症例の一つにすぎないが、俺が体験し、感じたことを書かせてもらった。

川崎で行われた講演会でのことだった。ある著名な精神科の先生が、俺と加賀谷に質問する形で講演は進められていた。

何度も席を共にした、笑いをこよなく愛する医師。初めて会ったときのインパクトが忘れられない。打ち合わせ、先生から1枚の用紙が渡された。

「コントの台本です」

見れば、先生と俺と加賀谷。3人のセリフがびっしりと書かれていた。

「ほんまにこれやるんですか？」

「はい、あと、1時間ほどですが、覚えて下さい」

飄々《ひょうひょう》と笑う先生に、すかさず加賀谷が反発した。

「できません！」

覚えられないのではなかった。

「この台本だと、先生がボケじゃないですか」

ジェラシーだった。医師とのやりとりで、ここまで型破りな経験はしてこなかった。おもしろい。その後も何度か先生とは一緒になり、控室はいつも笑いが絶えなかった。

勝手知ったる仲、川崎における先生との講演は、笑いも多く、和やかな雰囲気で終盤を迎えていた。

「ちょっと、会場からも質問を受け付けてみましょうか」

先生の投げかけに、一人の男性が手を挙げた。質問は先生に対するものだった。

「死にたいという思いを持っている人がいるんですけど、先生は『悲しむ人がいる』から死ぬのは良くないと言いました。でも天涯孤独の人もいるし、悲しむような人が周りにいないこともありますよね」

先生は質問に対し「なるほど」とうなずくと、チラリと俺に目配せをした。

「キックさん、」

「はい？」

「キックさん、ぜひ答えてあげて下さい」

突如として俺に回答を促した。

「ちょっと、なんで振ってくるんですか！」

笑いながらそうツっこむと、俺は質問した男性のほうを向き会釈した。

「ボクが思うことですいません。前向きな言葉というのは、力を発揮するときもありますが、すべての人に当てはまるものではないんですね。だから一つの言葉に囚われてはいけない、と。それより、死にたいと思ったとき答えを求める前に、なぜ、そう思うようになったのかという、その悩みの背景を知ることが重要ではないでしょうか。そうなった原因はなんなのか。誰かに相談してもいい、一つ、一つ、一緒に解きほぐしていければなと思います」

先生が即座にマイクを握る。

「素晴らしい！」

「本当ですか!?」

ないかもしれない答えを、俺もかつて探していたことがあった。海面にぷかぷかと浮いている答えに気づかず、海底深くもぐり、あちこちと彷徨《さまよ》ったこともあった。

「キックさんは、ナチュラル・カウンセラーですね」

先生が、俺にキャッチコピーを与えてくれた。褒めてもらえるのは嬉しかったが、俺は、誰かを救おうとは思っていない。自分が治してあげようとも思わない。そんな大それたこと、俺にはできない。

自分と接した人間が、少しでも良くなってほしい。その立ち位置から物事を見つめる、それだけなのだ。

講演終了後、

「先生、今日はありがとうございました。いろいろと楽しくできました」

「いえいえ、こちらこそですよ」

控室に戻るや、俺は先生に話しかけた。

「ぜひ今度は、お笑いライブに一緒に出ましょうよ」

「それは勘弁して下さい」

笑いながら逃げる先生。

「今度は、ボクがコントの台本書きますから」

「すいません、見るだけにしときます」

控室が、大きな笑いに包まれた。

次はどんなライブにしようか。加賀谷と、どんな笑いを作っていこうか。ライブが、また、楽しみになっていた。

講演会・質疑

─200人、満員の客席。始まる前の熱気そのまま、講演会は終始盛り上がりを見せていた。会は、松本ハウスのトークを終え、質疑応答の時間へと移っていた。

「加賀谷さんにとって、家族の支えは、やっぱり力になりましたか?」

質問をしたのは、加賀谷と同じ、統合失調症の男性だった。

「うちの親は、ちょっと過干渉なところがありまして」

自らの経験を踏まえ、少しでも聞きたいことに応えようと、加賀谷は頭をフル回転させる。本当は、あまり話したくないのではと思うことまで、赤裸々に話すこともあった。

「正直なところ、僕は親と、ずっとうまくいっていなかったんです」

発症した中学の頃、自分をとりまく状況を、うまく理解してもらえないことへの反発。グループホームに入るときに医師から告げられたもう一つの理由。

「加賀谷家は、家族として機能していない」

衝撃だった。家族なのに家族ではない。言葉だけが、加賀谷の頭の中でぐるぐると巡っていた。

直接、不満をぶつけることはしなかった。できなかった。小さい頃より、親が喜ぶようにと行動してきた。嫌な顔をするようなことは排除してきた。

芸人になるときは内緒でなった。一流企業への就職を希望していた両親、反対されるのは目に見えていた。テレビで活躍するようになり、その活動が明るみに出るも、家族の間で話題になることはなかった。そして症状が悪化、入院するときも、言葉にすることはなかったが、二度と芸能の世界に戻らないことを両親は希望していた。

「ことあるごとに、僕は親のせいにしていました。嫌いだった時期もありました。というより、ずっと嫌いでした」

辛い現実を前に、その責任を、誰かに預けずには保てなかった。

「そのくせ、僕は親に甘えてばかりいたんです」

振り返り、整理をしてみると、両親は常に、加賀谷のために行動してくれていた。いつでも、息子のことを一番に考えていた。

「親の愛情を受けて育っていないと思っていたのは勘違いで、愛情に気づかなかっただけだったんです」

意識が変わり始めたのは、精神科病院から退院して、実家での療養が始まってからだった。以前飲んでいた薬の副作用から、加賀谷はおねしょが2年くらい続いた。そのときも、嫌な顔をせず、毎日布団を替えてくれた。大人用のおむつも用意してくれた。いつだって、加賀谷が望むことをしてくれていた。

本が読みたいと言えば買ってきてくれた。自分で買いに行くときも、電車代と本を買うお金を渡してくれた。

悪いな。僕は助けられているんだなと、加賀谷は深く感じ入った。ただ、

「心配してくれる気持ちが、その当時の僕には重すぎたんです」。

芸人に復帰すると同時に、加賀谷は実家から離れて暮らすことを選択した。

「僕と親との距離が縮まったのは、つい最近のことなんです」

時は、止まってはいなかった。

「精神科に診察に行くときなんですが、たまに母さんもついてくることがあるんです」

4週間に一度の診察、母親と二人で行くことがあるという。

「あるとき母さんが、お弁当を作ってきてくれたんです。すごく大きなのを」

心温まるエピソードだが、加賀谷が根っからの芸人たる証だろうか。持って生まれた引きの強さが備わっていた。

「しょうが焼きを作ってきてくれたんですけど、それを精神科の待合室で広げるんですね。『食べなさい』って」

一人暮らしの息子。食生活を心配してくれるのはありがたかった。でも待合室では、他にもたくさんの患者さんが待っていた。中には体調の優れない人もいる。その中でお弁当を食べる。嫌がられるのではないか、迷惑ではないかと、食べながらも気が引けていた。と、母親もようやく何かが違うということに気がついた。

「母さんが言うんです。『あ、しまった』って」

周囲の迷惑を感じたのだと思った。

「そうしたら、母さん、『今から先生の診察受けるのに、ニンニク入れちゃったわ』って。そこじゃないよ！」

加賀谷は、母親の優しさを、素直に受け取ることができるようになっていた。余裕がなかったときは、感謝をしていても、その優しさを拒んでしまっていた。

「優しさって、時には負担に感じるんですね」

ここまでさせちゃって、申し訳ない。優しくされればされるほど、謝罪の気持ちは大きく広がっていた。

親にも至らない面はあったとは思うが、そこだけをクローズアップしてしまうと善意が悪意になってしまう。

統合失調症の原因は、心的ストレスがきっかけになる場合もあるが、正しくは今も解明されていない。加賀谷と同じ境遇の人間でも、発病しないケースは多くある。だからこそ、その後をどう過ごしていくか、なのだ。

「いい年なんだし、なんでもかんでも親のせいにしている場合じゃないなって、思ったんです」

ようやく、親子が親子として歩み始めていた。子は子の人生を、親は親の人生を。その上で親子としてつながり生きていく。

俺も、加賀谷の母親に挨拶をさせてもらったが、明るく、笑って話をしてくれた。父親とも話したが、息子が心配でたまらないという印象だった。

伝え方と受け取り方。それがほんの少し、器用ではなかったというだけなのだ。

「今日は、最後まで聞いて頂き、ありがとうございました」

質疑に充てられた時間の終わり。俺が頭を下げると、加賀谷も「ありがとうございました」と首《こうべ》を垂れた。

会場が拍手で包まれる。俺と加賀谷は、再度一礼し舞台袖へと引っ込んだ。

講演会のすべての過程が終了した。

舞台袖にいたスタッフに感謝を伝えていると、マネージャーのエイメイさんが俺をつかまえた。

「楽屋に戻ったら、その後に写真撮影があるからさ」

「すぐですかね」

「片付けが終わってからかな。ちょっと、確認するわ」

「じゃあ、僕は、着替えないようにしますね」

衣装のことを聞く加賀谷。

「そうだね。そのまま、ちょっと待っててもらえるかな」

加賀谷は、記念撮影の際、できる限り衣装を着たまま、写真に納まるようにしていた。芸人としてのサービス精神だった。

楽屋に戻るとテーブルの上に、ミネラルウォーターのペットボトルが用意されていた。疲れた喉を潤すにはちょうどいい、冷たすぎず、ぬるすぎない。俺はキャップをひねると、喉の奥に直接当たるよう、二口、三口と流し込んだ。

「ちょっと様子見てくるわ」

エイメイさんが控室を後にすると、加賀谷が話し出した。

「最初のほう、慌てちゃってすいません。スコンと、エアポケットに入ったみたいに忘れちやって」

「ええよ、ええよ」

俺は、いつもと変わらぬ調子で話をした。

「最近、ちょっと調子悪いんか。なんか来たときから疲れてるよな」

「季節の変わり目とか、低気圧の日って、調子を崩す人が多いんですけど、僕にはないと思ってたんですよ」

「あぁ、こないだの、台風の」

「そうですね。台風が来たときもそうでした」

大型の台風が直撃したとき、加賀谷から調子を崩したとの報告を受けていた。

「うつみたいになって、意欲も湧かないし、体が重くて、1日中部屋にこもってたんです」

「そう言うてたよな」

「だから、変なこと言ってたらすいません」

「大丈夫や、変なこと言うのが商売やろ」

「そっか、そうですよね」

「正直、完璧である必要なんてないよ。むしろ完璧でないほうがいい」

「はあ……」

「着飾ったお前より、そのままのお前が見たいんよ」

「…………」

「欠点があるほうが、人間味があってええよ」

「キックさんのことですか？」

「おい！」

すべては完璧ではない。不完全で穴もある。しかしそれは、生きているならば当たり前のこと。完璧など、目指す必要のないものなのだ。

もう一度、始めればいい《引っ越し》

季節は、春になっていた。

加賀谷が芸人に戻ってから6年、いろんなことが変わっていた。

本も出版し、多くの人に、今の松本ハウスを知ってもらえた。

復活5周年の節目では、お祝いのライブも開催。場所は、復活ライブと同じ、新宿ロフトプラスワン。チケットはソールドアウトとはならなかったが、ほぼ満員。お祭り騒ぎではなく、現役で活動する一組の芸人として、しっかりと見てもらえるようになっていた。

再出発した頃、加賀谷はできないことが多かった。できなくなってしまったことが多かった。今もできないことはあるが、できないことが『悪』ではなくなった。

統合失調症が悪化する以前の芸人・ハウス加賀谷は、ある意味、切れ味だけで勝負をしていた。もしかすると、その切れ味は鈍くなっているかもしれない。だが、今はその鈍さでさえ、持ち味にすることができている。

できなくなったことは、できなくなったという単純な引き算ではない。できなくなったことがあることによって、逆にできることも増え、芸の幅は広がったように思う。

歴史は変わりゆく。人もまた、変わりゆく。

変わることが自然で、変わらないことは不自然。

自然に任せて移ろうだけ。


俺、個人にも変化があった。

第二子となる長男が誕生した。家族が増え一段と賑やかになり、部屋が手狭になったため、新しい住まいに越すことにした。

「引っ越し先が決まったから、手伝ってくれるか」

仕事の移動時間に、加賀谷に頼む。

「いつでもいいですよ。あ、診察の日は無理なんですけど」

「診察日に来てくれとは言わへんよ」

「だったら大丈夫です！」

加賀谷は喜んで引き受けてくれた。

「助かるわ。んじゃ、重い荷物担当でよろしく」

「あ、え、あ、はい」

トラックを借りた、自前での引っ越し。

20代半ば、仕事が増え始めた頃、風呂なしのアパートから、風呂付きの部屋へと引っ越すときもそうだった。加賀谷と、後輩芸人・チャンス大城に運び込みを手伝ってもらい、俺がトラックを運転した。

荷物を詰め込み、いざ出発。トラックが走り出し、順調に進むかに見えた。と、そのとたん、トラックの荷台がガパンと開き、荷物がガラガラと道路に転がり落ちた。

笑った。俺も加賀谷も、笑いながら荷物を拾い集めていた。

落としたものは、拾えばいい。

見つからないものもあるかもしれない。見つかっても、壊れてしまっていたり、汚れていたりすることもあるだろう。でも、

壊れたら、直せばいい。

汚れたら、拭けばいい。

何もなかったら、何もないでいい。

もう一度、始めればいい。

もう一度、だ。

3月の末。引っ越しを歓迎するかのような快晴。

少し動いただけでも、汗がにじんでくる。

地面からモワモワと立ち上った水蒸気が、遠くの空を薄くかすめていた。

加賀谷は、予定の時刻より、30分ほど早く俺の家に到着した。

「すみません、遅くなりました！」

「いや、早いよ」

「すみません、早すぎました！」

「どんだけ謝るんや。もうちょいで詰め込み終わるから、四畳半で待っといてくれ」

「分かりました」

加賀谷にそう伝えると、俺はダイニングで嫁の指示通りに、段ボール箱へと荷物を詰めていった。

四畳半の稽古場、ドアを開ける加賀谷。中からよく知った顔が現れた。

「あ、加賀谷さん、お疲れさまです！」

加賀谷より一足先に手伝いに来ていた後輩、チャンス大城だった。

「何やってんだよ大城」

「あの、棚を解体してまして」

「違うよ、お前の人生だよ」

「うわちゃぁ、やばいですねオレの人生。いやぁ、加賀谷さん、天才ですわぁ〜」

「何がだよ!」

あのときの引っ越しメンバーが、これで揃った。

15分ほどして、荷物を詰め終わった。四畳半にいる加賀谷に声をかける。

「悪い、悪い、待たせたな」

「大丈夫です」

「タバコ、吸うんやったら吸ってきてええよ。俺はもう吸わへんから」

嫁が長男を身ごもったのをきっかけに、俺はタバコをきっぱりと止めていた。

「あ、僕もまた、禁煙してるんです」

加賀谷は、禁煙をしては誘惑に負け、喫煙と禁煙を繰り返していた。

「今度はなんや。健康のためか?」

「それ最近、ぶっちゃあさんが、僕によく言うんですよ。ニコニコ笑いながら、『かがや、体には気をつけろよ』って」

「それで止めたんや」

「違います。恋の願掛けです」

「関係ないんかよ。今度は長続きするんかなあ」

「がんばります」

いつも『頑張ります』と言う加賀谷だったが、今は力みの抜けた『がんばります』だった。

「せっかくやから、眺めだけでも見とくか」

タバコは止めたが、ベランダに出るのは好きだった。

「よおここから眺めてたな」

「ここはほんと、景色だけは、いいですよね」

「だから『だけ』って言うなよ」

「あ、すいません」

ベランダから見える風景。いろんな景色を、二人で見てきた。

「富士山、かすんでるな」

「なんか、僕らの行く末を案じているみたいですね」

「お前の行く末にしといてくれよ」

「僕一人ですか」

「しゃあないなあ。じゃあ、お前のかわいい後輩、チャンス大城も付けとくわ」

「僕だけでいいです」

先のことは分からないが、今は見えている。今が見えていれば、先には進める。

「あそこ、歩いてる人。どこ向かって歩いてんのかな」

「なんか、急いでる感じですね」

「あっちの、自転車乗ったおじいちゃんは？」

「危なっかしいですね。よろよろですよ」

「みんな、どこへ向かっていくんかな」

「どこでしょうね」

嫁がダイニングから、ベランダを覗く。

「そろそろ運んじゃってね」

「はいよ〜」

返事をする俺に、加賀谷が聞く。

「何から運びましょうか」

「そうやな、」

俺は、ベランダから見える景色をもう一度見渡すと、静かに、ゆっくりと加賀谷に言った。

「ここで見た景色、全部運んでもらおうかな」

加賀谷の脳裏に、復活してからの風景が、スライドショーのように映し出されていた。

が、それも一瞬。加賀谷は、穏やかな笑みを浮かべると、ふわりとボールを投げ返してきた。

「キックさん、ここから見た景色は、ここに置いていきましょう」

空、青く、ぼんやりとした雲、流れていた。

「それがええな」

温かい風が、頰を撫でていった。

対談　末井昭

敏感な人なら誰でもなるかもしれない

末井　本、読みましたよ。おもしろかったです。お会いするのは3年ぶり?
松本　そうですね。
末井　池袋リブロの上にあるイベントスペースでトークショーをやらせて頂いたんですよね。僕の『自殺』っていう本が、お二人の前の本（『統合失調症がやってきた』）のちょっと後に出て、その2冊のトークイベントということで。お二人の人気のお陰で満員でね。
加賀谷　いえいえ。
松本　手首に包帯を巻いた人が何人も来てて。
加賀谷　違う、違う、来てませんよ。

――今回は2冊目の本『相方は、統合失調症』の出版記念対談ということでお集まり頂きました。末井さんは先ほどおもしろかったとおっしゃいましたが、どんなところがおもしろかったですか？

末井　前の本（『統合失調症がやってきた』）は復活ライブで盛り上がるところで終わっていますよね。僕が一番グッときたのは、その後の問題ですよ。復活ライブをやったのはいいけど、その後ガタガタする。そこのところがおもしろかったんです。勢いが続かないわけですよ。それをキックさんが加賀谷さんをうまく運転……運転っていうのは言い方が悪いかもしれないけど……運転していくわけです。キックさんも自分の考えが間違っていたと反省していくじゃないですか。自分の中に昔のイメージを強く持ちすぎていて、それを再現しないといけないと考えていたのが間違いだったと。今のままの自分たちでいいじゃないかということに気がついていくところが良かったです。

松本　ありがとうございます。

末井　それとキックさんが大学を中退して、アパートに閉じこもって独りで悩んでいたあたりの話が好きなんですよ。

松本　混沌としていた時代の話ですね。

末井　加賀谷さんと同じくらい精神的には危ないところにいたわけです。一歩間違えれば、加賀谷さんのようになっていた。

松本　もしかして加賀谷が助けてくれたんですかねえ。

加賀谷　ちょっと待って、今、忙しいんだから（お菓子を頬張っている）。

松本　食うのに忙しいんかい。

末井　はははは。それと加賀谷さんが段々おかしくなっていく道筋がすごくよく分かるんですよ。最初に「臭い」と聞こえてきてね。

加賀谷　自己臭恐怖というやつです。

末井　それね、僕にも聞こえるかもしれないなと思って。後ろにいる女が下敷きで扇いでたりしたら、僕、臭いの？　って。そのへんが入り口で恐怖感が大きくなって、精神を圧迫していく、その流れがよく分かる。誰でもなる可能性がありますよ、敏感な人なら。鈍感な人は何を言われてもならないでしょうけど。

復活したはいいけど、その後ガタガタのボロボロで

松本　末井さんが言って下さったように、復活してからが本当に大変でしたね。復活ライブまでは、ものすごく集中力とエネルギーが出てて、節々で問題はあるんですけど、ガーッと

勢いで乗り切って、良かったなというところで終わるんです。でもその後、ガタガタでボロボロで、なんにもできないという状況が続いて。

末井　ネタをやるんだけど、加賀谷さんの感情が全然入っていなかったり。

加賀谷　はい。

末井　見た目はできているんだけど、全然おもしろくなかったりするんですよね。それは結構辛いと思うんです。

加賀谷　そこは僕は分からないんですよ。まず単純にネタを覚えられないという段階がありました。認知機能が落ちてるんで、何ページかのネタを1か月まじめに取り組んでも覚えられなかったりするんです。そしてネタを稽古で合わせるじゃないですか。そのときにもっと感情を乗せてと言われても、分からないんですよ。乗せているつもりでやっているんですけど、実際には平坦にダーッと言っているだけだという。

末井　それは分かるの？　自分で平坦になっているということは。

加賀谷　いや、分からないんです。

末井　分からないんだ。すごくうまくいっていると？

加賀谷　僕はけっこう緩急付けているなと思い込んでいました。

松本　平坦なんで、もうちょっとテンション上げていこうと言うと、今度は上げっぱなしのところでやるんです。ちょっと抑えようかと言うと、抑えっぱなしのところでね。

末井　はははは。

松本　間がないというか。やっぱり分かってなかったんです。

末井　おもしろいねえ。見たかったなあ。

松本　それはちょっと。スピンオフ版として見て下さるならいいんですけど。

末井　別に笑うってことを前提にしなければいいと思うんだけど。

松本　いや、笑うってことを前提にした仕事なんですけど……。

末井　はは、そうか。

松本　でもそこまで余裕があって見られたら良かったとは思いますけどね。客席の期待感もあって、結果を出さなければいけないと焦っていたんです。当時はフリーでやっていたので、宣伝方法も売り込む方法もないので、やっぱりおもしろいと思ってもらって、口コミで伝わっていくしかないわけですよ。一個一個のライブをすごく大事にしていたので。

加賀谷　復活ライブで「お帰り」って言って頂けて嬉しかったんですよ。でもお客さんはあの頃の僕たちしか知らないわけじゃないですか。それを再現してくれるんだろうなという期待をすごく感じたんです。でも復活して段々と月日がたつにつれて、それがどうやら今の僕にはできないぞということが分かってくる。そうすると苦しくて苦しくて、人前に立つのが、ネタという形でやるのがすごく辛くなってきた。

松本　お客さんのほうも復活してきたっていうことで、やっぱりアガってるんですよ。

末井　復活って言わなきゃ良かったよね。

松本　そうか……。

末井　違う言葉にすれば。

松本　むしろ「初めまして」にしとけば良かったのかなあ。

末井　復活って言うと、昔のが帰ってくるっていうさ。そこが間違ってたんじゃないの？

松本　なるほど……。

末井　ちょっと弱って帰ってきました、とかね。

加賀谷　ははははは。衰弱して、とかですか。

どうやって昔のイメージを捨てるのか

――キックさんもやがて以前のイメージを捨てなければいけないと気がつくことになりますよね。現状をそのまま受け入れるというのは簡単なことではなかったと思うんですが。

松本　最終的にはかつてできたこと、今できなくなっていることを捨てていくわけですが、それまでに何回も同じ轍《てつ》を踏んじゃうんですよ。昔のイメージに囚われてはいけないと考えて、今の加賀谷に合うお笑いを作っていこうと思ってやる。それでちょっとうまくハマったなとなると、すぐに調子に乗ってしまうんですよ。じゃあもっといけるんじゃないかって、その先というか、昔のイメージがポンと入ってきてまた同じことをしてしまう。そういうのを何回も繰り返しましたね。

末井　やっぱり昔は売れてたからね。売れてなければ良かったのに。

松本　根本の話になりますね（笑）。

末井　そのときのイメージを自分も持っているから自意識も強くなってるし。

加賀谷　それもあると思います。

松本　美化されちゃってるんですよ。いいことって、さらに膨らんでて。復活した当初の加賀谷には、お笑いをやれば自分は天才だ！　くらいの勢いがあったんです。

加賀谷　実際はもう何もできないんですよ。いつもキックさんの家へ稽古に行ってたんですけど、稽古しては愕然《がくぜん》として、肩を落として帰っていくというサイクルでしたね。

失敗したほうがおもしろいという発見

――加賀谷さんはそのサイクルから抜け出した瞬間を覚えていますか。突然のことではないかもしれませんが。

加賀谷　突然ではないんですが、大きなきっかけとしてはキックさんが「ネタを忘れたら忘れたでいいよ」と言ってくれたことですかね。最初はそう言われても僕にもプライドがあるんで、忘れちゃいけないと思ったんですけど。

松本　プライドと、忘れてしまうかもしれないという恐怖もあったよね。

加賀谷　そう、恐怖もあって、流れがガチガチになっちゃうんです。それであるとき、本当に忘れちゃったんですよ。そのとき、キックさんに「あれ、今なんの話してましたっけ？」って言ったのがドッとうけたんです。そのときに、あっ！　て思ったのはすごく覚えてます。

松本　ああこの路線が正解なんだというのが分かって、そっから加賀谷は自分でいろいろと見つけていくんです。そういう小さなきっかけというのはいろいろありましたね。僕は失敗してくれと頼んでました。頼むから失敗してくれ、そのほうがおもしろいからって。

末井　失敗って？

松本　忘れるとか、とちるとか、ロレるとかいろいろです。

末井　そこで新しい展開が生まれるはずだと思っていたってこと？

松本　そのままでいいんだよってことです。みんなそのままが見たいよと。

加賀谷　さっき末井さんがおっしゃってた、売れたときがあったというのがネックとして大きかったと思います。
末井　顔を整形するとかして違う人になっとけば良かったのかな。
加賀谷　そこまで変われば良かったのか（笑）。
松本　でも加賀谷は声に特徴があるからな。
末井　みんなが分かってるのに、自分だけ違うと言い張るみたいな。
加賀谷「加賀谷じゃないです〜」
松本　じゃあ誰なんだよ。いまだに全部、今の自分たちのことを肯定できるかというとそうじゃないんです。でもその割合が増えればそれでいいんじゃないかと。全部が全部前向きとか積極的って絶対無理なんですよ。割合がちょっと増えて、それが続いていけばいいと思っています。

自分を掘り下げる作業で発見したこと

——キックさんにうかがいます。前作の『統合失調症がやってきた』ではキックさんが加賀谷さんの視点になって書いている部分が多かったのですが、今回はよりご自身の視点や考えが前に出る形になっています。お書きになってどうでしたか？
加賀谷　そうですねえ。
松本　なんでお前がしゃべるんだよ。
末井　ははは。
松本　実は俺のゴーストだったりしてな。ずっといるかいないかって意味ではゴーストでしたけどね。
加賀谷　すいません（笑）。僕はキックさんが本を書いている横で、いかに邪魔にならないで「逆転裁判」をやるかを考えていましたね。
松本　「逆転裁判」っていうDSのゲームなんです。新幹線で移動中のときとか、僕はパソコンで書きながらウーッと唸《うな》ったりしてるわけです。そうすると隣からハーッていうため息の後に、「裁判、長引いちゃうな」とか聞こえてくるんです。えっ⁉ どうしたんだ？ と思ったら、ただゲームやっているだけ。ふざけんな、お前という。
加賀谷　ははは。それでどうでしたかキックさん、書いてみて。
松本　なんでお前がインタビュアーになってんねん（笑）。今回は自分の話を軸に書かしてもらってるんですけど、自分のことを書くって難しかったですね。否定したい部分もあったり、細かいところで忘れていることもあったりして。自分を掘り下げる作業ってこんなに難しかったんだなあと思いました。それと、例えば「死」というものがずっと自分の頭の上にある時期があったんですけど、そういうことを書いて芸人としてどう思われるんだろうかとか、そういうふうにも考えてしまいました。

末井　キックさんは考えすぎですよ。

松本　そうですかね。でも苦労はしましたけど、書くことによって発見もありました。ずっと死を意識していたことで言えば、あの頃はこういう考え方をしていたからああだったんだって、パズルがはまっていくような、自分の中で腑に落ちるようなところがあって。そうなってくると相方のこともやっぱり腑に落ちてくるんです。自分をもう一回組み立てることができたのかなあと思います。

人が人と接するときに自然に起こる笑いを書く

——末井さんが『自殺』をお書きになったときも同じように感じられましたか？

末井　僕は売り物が自分しかないっていう居直りがあるんですよね。他に何か知識があるわけではないし、本をたくさん読んでいるわけでもない。自分のことを書くしか他にやりようがないんです。そういう前提があるんですけど、確かにね、キックさんと同じで自分のことをグジグジ書くと暗くなったりするんですよ。だから理想は自分のことを読んでいる人に笑ってほしいと思うんです。そのように書けていればいいなあと。笑ってもらえるとすごく自分が楽になりますから。

松本　そうですね。アホやなあと言ってもらいたい。

末井　どんなみっともないことでもそれで笑ってもらえれば嬉しいんです。難しいことなんですけどね。

――今回の本にはキックさんの笑ってもらおうという意識がすごく込められていたと思います。一つのシーンの中に必ず漫才のかけ合いのように笑いを誘うところがありました。

松本　ありがとうございます。職業柄と言えばそうなんですけど、ただ辛かったこと、苦しんだことだけだと、書いているほうもおもしろくないんですよ。それに表立っては笑えるけれども、根底に流れているものはまた別にあってというほうが、ギャップが出るのかなあとも感じていて。酉の市に一緒に行った娘に「しっかりしてよね」と怒られたりするところとか。

――あそこはとてもいいシーンでしたね。

松本　「もー、パパ、何やってんの?」とかよく言われるんですよ。でもちょっといい話があって、この間、僕の誕生日に娘がカードをくれて、「頼りにしてるよ」って書いてあったんです。

加賀谷　そのカード、すぐ失《な》くしちゃったんですけどね。

松本　失くしてないわい（笑）。そんなふうに人と人が接すると普通に笑いが起こると思ってるんで、そういうのを素直に書いたんだとも思います。

末井　作家の文章ですよ。とても読みやすい。一文が短くて歯切れがいいじゃないですか。一人漫才しているような文体が読みやすかった。読みやすいっていうのは大事ですよね。

松本　いやいや、恥ずかしいです。

キックさんが好きに書ける環境があるのがありがたい

——加賀谷さんは書かれてみてどうですか。今回はキックさんが何を考えていたのかも詳しく書かれているわけですが。

加賀谷　そうですね。まだ全部読んでないんですけど。

松本　おい！

加賀谷　いや、読んでるんですけど（笑）。やっぱり気恥ずかしいですよ、そういう質問を受けてキックさんが横にいると。でも大体、分かってますから。

松本　何がや。神か、お前は。
加賀谷　例えば移動中とかに「どうですか？　本のほうは」って軽く聞くと、キックさんはここらへんがこうなってるからこうしたいんだよね、とか言ってくるんです。僕のほうは話半分に聞いているんですけど。
松本　ちゃんと聞けよ。
加賀谷　難しいんで、「なるほど」「そうですね」と相槌だけバンバン打ってたんです。まあでも僕がどう思うかは特に気にしないで良くて、相方のキックさんが好きに書けるという環境があるってことがありがたいです。すいません、できすぎたコメントで。
松本　できすぎてはいないけどな。
加賀谷　やっぱり気恥ずかしいですけどね。松本ハウスという形を模索していく中で僕に対して言っていることだけじゃなくて、それ以外に思っていることもいろいろ書いてあるわけじゃないですか。
松本　コンビなんでお互いの腹の内を見せるのは気恥ずかしかったりするんですよね。なんでも分かってはいるんですが、語らないことを語ってしまうっていうのは気恥ずかしくはあります。

相手を幸せにできれば自分も楽しくなる

——キックさんの加賀谷さんとの距離の取り方がすごく素敵だと思いました。過干渉でもなく無関心でもないという。本の中でキックさんは「ナチュラル・カウンセラー」と言われたという話が出てきますが。

松本　自分ではよく分かんないんですけど、そう言ってもらったんです。僕の中では関わった人間に幸せになってほしいという思いがあって、それで人に接しているというのがベーシックなところなんです。でもカウンセラーという意識はまったくなくて、加賀谷を治してあげよう、良くしてあげようという気持ちはまったくないです。ちょっとでも良くなればいいなあという思いはありますけど、僕の力でなんとかというのはないんです。だから普通に接しているだけで。病人の加賀谷、統合失調症の加賀谷ではなく、一人の人間の加賀谷、芸人のハウス加賀谷と接しているんです。病気は加賀谷の後ろにあるんですよね。

加賀谷　出会ったときから変わっていないですからね、キックさんは。かれこれ25年くらいになりますけど、変わらないですよ。

松本　気をつかわないんです。ちょっとは気をつかえと思ってるかもしんないですけど。

——末井さんの本にもいろんな人が相談に来て、お金を貸してあげたというエピソードがあります。末井さんにもナチュラル・カウンセラー的なところがあるんじゃないでしょうか？

末井　いやあ、どうかなあ。キックさんの何十分の一くらい？

松本　いやいや。

末井　お金のことは、断るより貸したほうが楽だなと思って貸すんですよ。返ってこないことは分かってるんですが、断るほうがエネルギーいるんだもの。当時は給料もいっぱいもらってたんで、そういうことも見越して来るから、しょうがないですね。

松本　そんなこと言ったら、じゃあ僕もって借りに来る人がいるかもしれないですよ。

末井　だからね、うちは方式を変えたんですよ。夫婦で面談をすると。

松本　面談ですか。

末井　この間も300万くらい貸した人がいてね。僕に貸してくれと言うから、いやうちではもう面談方式で、うちの奥さんと一緒に話を聞くことになってますと言ったら、来たんですよ。2、3時間いて、なぜそのお金が必要かを説明していった。

加賀谷　はあ。

末井　そうすると、僕も楽になるんですよね。お金が返ってこなくても奥さんと二人で、しょうがないねって言えるじゃないですか。それまでは一人でイライラしてたんです。まあでも、お金は貸さないのが一番。

松本　末井さんが貸してるんじゃないですか。

——末井さんは『自殺』の中で「自分のことしか考えないことと、人のことを考えることは相反することじゃなくて表裏一体」とお書きになっていますね。

末井　そうですね。極端なことを言うと人間一人では生きられない動物なわけですよ。お前、食いもんも全部やるから無人島で独りで暮らせって言われても、できませんよ、それは。だとすると相手のことを幸せにして自分が楽しくなるというのが一番いい状態なんです。そういうのがキックさんにもあるんじゃないかなと思います。

松本　自分が発したものは全部自分に帰ってくるっていう感覚はありますね。

末井　誰もいないのに自分だけハハハッて笑っている人っていないと思うんですよ。独りなのに心の底から笑いが込み上げてくるなんて気持ち悪いですよ。

考えすぎの人と何も考えない人のいいコンビ

末井　キックさんはいろいろ考えすぎる人なんですよね。

加賀谷　考えすぎだと思いますよ。

末井　若い頃のところで、「俺という人間は、どうしても生きる意味を正面から考えすぎるようだ」と書いてらっしゃいますよ。生きる意味を考えているんですからねえ。

松本　馬鹿ですよね。そんなの昔から哲学者みたいな人が考えても、なんの答えも出てないことだと分かりきっているのに、考えてしまうというのは馬鹿だと思います。

末井　でも考えるのが好きなんですよね。

松本　考えちゃうんです。

末井　ものすごくいいコンビですよね。加賀谷さんはあんまり考えない。

加賀谷　はい。考えないです（笑）。生きる意味ですか……それは適当な采配で……。

松本　唯一考えてるのは、どうやったら人に好かれるかですからね。

加賀谷　どうやったらおこぼれをもらえるか（笑）。

末井　でもある意味、神様みたいな人ですよね。一途で雑念がないというか。ぐじゃぐじゃ考える人と何も考えない人、いいコンビだと思います。

松本　お前の元で修行させられてる気がしてきたわ。

加賀谷　はははは。

末井　もしかしたら加賀谷さんじゃなくて、キックさんのほうが病気になっていたかもというのは想像ができますよ。

松本　そうですかねえ。もしかしたら加賀谷に感謝しないといけないのかもしれませんね。

――編集者・作家

この対談は「幻冬舎ｐｌｕｓ」（２０１６年６月23日、28日）に掲載されたものです。

（構成・日野淳）

感謝
ぶっちゃあさん、リッキーさん、森さん、光浦、大久保、相模原のみんな、
糸川昌成先生、張賢徳先生、バリバラ、三平×2、プチ鹿島、チャンス大城、
ゴージャス染谷。
そして、相方のご両親、俺の母親。ありがとうございました。（順不同）

この作品は二〇一六年六月小社より刊行されたものです。

幻冬舎文庫

●最新刊
統合失調症がやってきた
松本ハウス

ハウス加賀谷は、松本キックという相方を得て、病と闘いながらもお笑いの世界で活躍する。しかし、活躍と反比例するように、症状は悪化、コンビは活動を休止した。復活までの軌跡を綴る。

●好評既刊
瞑想で心の癖を変える
ヒマラヤ大聖者のシンプルな智慧
相川圭子

心は「くっつく」という性質を持っています。その癖を知り、意識を覚醒させ、潜在意識を浄化する。そして「真ん中にいる」ことで、幸せに生きることができるのです——。

●好評既刊
瞑想で愛の人になる
ヒマラヤ大聖者のシンプルな智慧
相川圭子

心や体の奥深くには、深い海のような無限の静けさと愛があります。けれども、あなたの心はゴミで覆われているのです。世界に二人のヒマラヤ大聖者が伝授する、愛の人になる方法。

●好評既刊
置かれた場所で咲きなさい
渡辺和子

置かれたところこそが、今のあなたの居場所。自らが咲く努力を忘れてはなりません。どうしても咲けないときは根を下へ下へと伸ばしましょう。心迷うすべての人へ向けた、国民的ベストセラー。

●好評既刊
面倒だから、しよう
渡辺和子

小さなことこそ、心をこめて、ていねいに。この世に雑用はない。用を雑にしたときに、雑用は生まれる。〝置かれた場所で咲く〟ために、実践できる心のあり方、考え方。ベストセラー第2弾。

相方《あいかた》は、統《とう》合《ごう》失調症《しっちょうしょう》

松本《まつもと》ハウス

平成30年6月10日　初版発行

発行人――石原正康
編集人――袖山満一子
発行所――株式会社幻冬舎
〒151-0051東京都渋谷区千駄ヶ谷4-9-7
電話　03(5411)6222(営業)
　　　03(5411)6211(編集)
振替00120-8-767643

印刷・製本―株式会社 光邦

装丁者――高橋雅之

幻冬舎文庫

ISBN978-4-344-42758-7　C0195　心-13-2

幻冬舎ホームページアドレス　http://www.gentosha.co.jp/
この本に関するご意見・ご感想をメールでお寄せいただく場合は、
comment@gentosha.co.jpまで。